你要相信,总有一天,
你的努力,会为你证明自己。

你一定要努力，但千万别着急

简书 / 主编

北京联合出版公司
Beijing United Publishing Co., Ltd.

目录

Contents

Chapter 1 你一定要努力,但是千万别着急

永远不要对一个人的努力嗤之以鼻 _ 002

你是什么样的人,就会遇见什么样的人 _ 008

别成为他们的看客 _ 013

任何一个对的人,都不是白等就来的 _ 020

我们努力,是为了有底气拒绝自己讨厌的一切 _ 027

你这么年轻,为什么总焦虑不安 _ 032

Chapter 2 不要害怕成为一个怪人

不要害怕成为一个怪人 _ 038

你才二十几岁,人生的意义,关你什么事 _ 043

你的"自尊"被碰疼了吗? _ 049

别让自己努力得满腹委屈 _ 055

爱是在一起说许多话 _ 060

Chapter 3 你不是迷茫,你是自制力不强

他们,只是看上去不努力 _ 068

你所有的问题都只是因为懒 _ 073

为什么道理我都懂,却始终做不到? _ 080

你不是迷茫,你是自制力不强 _ 087

最怕是一生庸碌无为,还聊以自慰平淡是真 _ 092

你不会总能拿到一手好牌 _ 095

Chapter 4 因为没有指望,你只能变得更强大

世界上没有该结婚的年龄,只有该结婚的感情 _ 102

怎样亲自谋杀爱情 _ 108

社交软件能解决寂寞,但未必能解决孤独 _ 114

因为没有指望,你只能变得更强大 _ 119

不哭,因为我们长大了 _ 124

真的想,日子再忙也有人一起吃早餐 _ 133

Chapter 5 我若盛开，清风爱来不来

我若盛开，清风爱来不来 _ 144

正因为我是女孩子，所以才那么努力那么拼 _ 150

你为什么活得不像女人？ _ 157

姑娘的努力，与虚荣无关 _ 160

你朋友很牛，关你什么事？ _ 166

Chapter 6 听说，你还没能过上自己喜欢的生活

听说，你还没能过上自己喜欢的生活 _ 172

女人要对自己狠一点！ _ 177

这世上总有一些人，逼你尖锐 _ 181

好姑娘，你配得起千秋万代 _ 186

35岁前实现不用上班的梦想，你想过吗？ _ 190

你的盖世英雄，永远在寝室楼下等你 _ 198

摆脱幼稚要趁早 _ 205

Chapter 1

你一定要努力，
但是千万别着急

别总是羡慕别人的生活，
因为这样你永远只是他们生活中的看客。

永远不要对一个人
的努力嗤之以鼻

文｜摆_渡_人

不要嘲笑那个默默努力的人，因为她比你更清楚自己的未来在哪里，更清楚自己想要什么样的生活。

"萨亚，苏拉开公司，我们成绩差不多，为什么我就不行？"

"对啊，你和她成绩差不多，其他方面你都比她差太多。"

站在宿舍的楼顶，朱蒂朝我不停地抱怨。而此刻楼下正有一个人在努力地派发宣传单。

她就是苏拉。

苏拉，一个地地道道的农村娃，而且家里比较贫穷。听说她读大学的费用，都是邻居帮忙凑的。也许是家庭环境的原因，苏拉看起来比同龄人成熟得多，懂事得多。一向不爱说话的她，却有着非常了得的口才。

 你一定要努力，但是千万别着急

1.

"洪湖水浪打浪，你要啥样有啥样，总共有二十多种款式，你长头发、短头发、厚头发、薄头发、直头发、卷头发，只要你不是个光头，你都可以挑到一把合适的梳子。"

"两块钱也不敢花，你啥时候才能当企业家，当不了家、做不了主，只能给人家当保姆。"

……

像这样的叫卖，苏拉已经坚持了一年多。无论刮风下雨，还是昼夜暑寒，都是她做生意好的时节。而且苏拉有自己独到的市场眼光，总能知道大家需要什么。冬天卖棉袄，夏天卖凉席；情人节卖玫瑰花，端午节卖粽子；平时用的牙膏牙刷、拖鞋裤衩、胸罩丝袜……刚好你缺，刚好她有。

但也有失误的时候。

2.

记得那是腊月的一天，天气特别冷，夜里簌簌下起了雪，大片大片的雪花，很快就把整个世界染成了白色。躺在床上的苏拉，突然从床上爬了起来，站在窗口凝望了很久。

"你看什么呢？"我好奇地问。

"我要出去一趟。"说完，苏拉穿上羽绒服就走了。

"有病吧！大半夜不睡觉，跑出去吹冷风。"被吵醒的朱蒂不爽地说。

"嘴欠病又犯了是吧,她肯定出去进什么货了。"我说道。

我看了下手机,刚好是早上五点。

当我再次醒来,已经早上八点了。窗外依稀传来熟悉的叫卖声。我透过窗户,哇!白茫茫的一片,好美。在这银装素裹的世界里,有一个穿着蓝色羽绒服的姑娘在吃力地叫卖着暖手宝,犹如一颗蓝色的宝石在闪闪发光。

只是她的声音,那么弱小,仿佛被厚厚的积雪覆盖。

我终于知道苏拉为什么天不亮就起床,冒着大雪,出去进货了。她是发现这么冷的天气,上课肯定是件很痛苦的事情,尤其是在不怎么暖和的教室里,如果有一个暖手宝肯定是件极好的事。所以,她瞅准了这个机会,采购了三箱货来出售。

可这次苏拉真的失算了。因为雪太大,学校的路面无法及时清理,交通不顺畅,学校临时决定停课一天。这对所有学生来说是一个多么好的消息,可对苏拉来说却是一个天大的噩耗。

3.

看着苏拉一个人孤零零地站在雪里,没有一个人上前询问,我顿生怜悯之心。

"今天停课,楼下都没人走动,苏拉的暖手宝好像要卖不出去了。"我自言自语道。

"我就知道够呛。大半夜不睡觉,跑出去进货,当什么励志大学生。这下好了,全部砸手里了吧。"朱蒂幸灾乐祸地说。

"朱蒂,你过分了!作为舍友,别人不支持她,我们一定要支持

你一定要努力,但是千万别着急

她。我现在就下去买暖手宝。"

"我也去。"

整个宿舍的人每人买了一个暖手宝,而那也是苏拉唯一卖出的五个暖手宝,但这样的帮助对她来说是杯水车薪。

那是我见过苏拉做生意以来最失败的一次,也是对她打击最大的一次。以至于她彻底断了在学校做生意的念头。

据说,她进的暖手宝是透支了未来三个月的生活费,却赔了个精光。这对于每个月只有一百多块钱生活费的苏拉来说,是一个前所未有的考验。

4.

一个永远不丧失勇气的人,是不会被打败的。这句话用在苏拉身上再合适不过。

蛰伏了一周的苏拉,又出山了。

这次她选择了外出做家教,一周三次,每次两个小时,每周可以有近五百块钱。就是路程有点远,每天苏拉都要提前一个多小时出发,回到宿舍已是将近十一点,早上又要起早去练习口语。所以,在宿舍里我们都很少见到她。

后来,家教的生意越做越顺,很多家长都慕名来找苏拉。可苏拉没那么多时间,但她知道有很多学生想做家教,赚外快,于是就会介绍给身边的同学。慢慢地她发现这也许是一条不错的财路,那就是做学生和家长之间的桥梁,帮他们牵线搭桥,收取中介费。

这次苏拉没看错。

她的路越走越宽，规模也越来越大。终于，苏拉决定成立一个家教服务公司，来帮助更多有家教需求的学生和家长。

而今天，就是苏拉公司成立的日子。没有声势浩大的开业庆典，没有亲朋好友的捧场祝贺，只有苏拉一个人在楼下默默地发着宣传单。

我反复回味着朱蒂的话，我们成绩差不多，为什么我就不行？

因为我们不够努力。

苏拉把谈恋爱的时间用来摆地摊，把晚上和朋友玩乐的时间用来做家教，把大家都还在睡觉的时间，用来去进货。

她的每一分努力都是为了减轻家里的负担，为了自己以后能更好地生活。

她的努力，配得上她的成功。

所以，不要嘲笑那个默默努力的人，因为她比你更清楚自己的未来在哪里，更清楚自己想要什么样的生活。

5.

后来有人问我，大学了为什么还要像高中一样那么拼？我的回答是，高中拼是为了读一所不错的大学，只是单纯地为了考试而考试；大学拼是为了有一个不错的人生，把自己的所学所见内化为自己的血和肉，成为身体的一部分，变成我们的见解、思维、想法、视角，最终成为我们认识世界和改造自己的一种力量。

努力了不见得会成功，不见得一定会得到自己想要的。很有可能我们努力奋斗一生的，却是别人一出生就拥有的。但是努力一定会有回报，也许是美好的生活，也许是健康的身体，也许是不错的圈子，

你一定要努力，但是千万别着急

也许只是给自己一个交代……

我想,所有人的努力大概也是如此。

所以,永远不要对一个人的努力指指点点,也不要去否定一个人的努力。因为,如果有天他成功了,你会觉得无脸相见!

在这个世界上,可怕的不是比你聪明的人,而是比你聪明还比你努力的人,更可怕的是,你还对这些人的努力嗤之以鼻,而不自省。

一个永远不丧失勇气的人,是不会被打败的。

你是什么样的人，
就会遇见什么样的人

文 | 米格格

遇见只是一个开始，
无论跟什么样的人在一起，经营都是最重要的。

1.

"你曾经坐在这里，谈吐得那么阔气，就像是所有幸福都能被预期……"

提到心中的恋人，总会联想到江美琪早年在歌中唱到的这一句。那画面，真真美到每个女孩子的心坎儿里。

每个做公主梦的女孩，大概都曾憧憬过这样一位王子：他见多识广，高大帅气，家境富足，性格温和，能满足你所有的愿望，带你去陌生的城市，看陌生的风景，替你做好未来的打算，让你像穿上水晶鞋的灰姑娘一样，从此无忧地戴上皇冠，做他独一无二的王妃。

童话真美，美到让我也如痴如醉。但我终究相信，现实中的灰姑娘，被王子看中的概率，大概只有百分之十！就算遇见了，多半也是擦肩而过，因为两个人的世界没有交集。

 你一定要努力，但是千万别着急

2.

姑娘 C 年方二十九，至今未婚，也未有过恋爱史。她想要的对象，一定要成熟帅气又能干，有自己的事业，经济状况好，像暖男一样细致到能记录她的情绪周期表，像大叔一样手把手教她高尔夫，有老练深沉的处事作风。总之，生活要有情怀，有品位……

然而，现实中她所碰到的，却总是差着点儿什么。一个涉世不深、没有家庭背景的男生，基本上都停在奋斗的路上，鲜少有资本去驾驭高品质的生活；一个细致入微、事业有成、老练深沉的男人，通常也难有闲情雅致去陪女朋友看世界。

任何一种生活状态，对应的都是一种选择。有选择，就会有得失。真实的世界，少有两全其美。

对一段恋情和婚姻，你不能指望有人把一切东西都准备好，然后静静地等你到来，就像完美先生一样，最后让女主安心地做个全职太太，不用为钱操心，不用为家事烦恼，旅行有人给你做好计划，孩子有人负责教养……生活告诉我，这不过是玛丽苏式的爱情小说罢了。真有这样的男人，哪儿就轮到平凡的灰姑娘去认识和拥有呢？

3.

我的朋友 Z，身高 183cm，姿态挺拔，穿着考究，热爱旅行，如今正在美利坚的土地上撒欢儿。在去美国攻读 PHD 之前，他没有恋爱过，但身边追求他的女孩子并不少。顺便说一句，Z 的父亲是某军区的领导，他也算是一个"官二代"，家境情况自不用说。谈及生活，他自己也承认，没有太大的经济压力,确实让他有了更多的时间和机会去享受生活。

不过,Z不是那种会让人拉仇恨的人。我问过他:"当初怎么不去读军校?"他说:"那样还得靠父母,我想走一条自己的路。"于是,大学四年,他很拼,最后拿了双学位,去美国读了喜欢的心理学。至于系里追他的一些"灰姑娘",他是有所顾忌的,身边的人总是不停地提醒他:"你要看清楚,她究竟是喜欢你,还是你的家境。"

除此之外,还有两个和他家境差不多的女孩对他有好感。据我所知,其中一个是Z父亲挚交的女儿,和他在同一所大学读书,也正准备到美国留学;另一个则是在英国攻读音乐的女孩。然而,他最终没有在任何一位追求者中做出选择,他说:"我不知道,等我去了那边(美国),会不会遇到和我一样的人……"

然后,就如他所想那般,在佛罗里达读书时遇到了一个独立、漂

爱,从来都不是单纯地索取和享受,
而是共同的成长与进步。

   你一定要努力,但是千万别着急

亮、有才的女孩，并于去年完婚。女孩并未觉着自己像凌霄花一样攀附于他，反倒经常调侃，自己的某一条真丝连衣裙是他买不起的……她经济独立，会做各种花式面包，且有自己的专长。她会遇见王子，因为她本就不是灰姑娘。

杨澜说过："维系婚姻的纽带不是孩子，不是金钱，而是关于精神的共同成长，在最无助和软弱的时候，有他（她）托起你的下巴，扳直你的脊梁，令你坚强，并陪伴你左右，共同承受命运。那时候，你们之间除了爱，还有肝胆相照的义气，不离不弃的默契，以及铭心刻骨的恩情。"

爱，从来都不是单纯地索取和享受，而是共同的成长与进步。

4.

啰里八唆说了半天，就想告诉姑娘们：别把自己当成玛丽苏式的女主角，也别指望天上会降一个兼具各种美好的男子，然后对你一见钟情。除非，你足够好，足够有见识，能在任何场合、任何人群中成为闪耀的珍珠。王子不总是在大街上溜达，你总得有进入王国的通行证，才可能跟王子见上面，拉上手，有爱情故事。

你是什么样的人，就会遇见什么样的人。

当然，遇见只是一个开始，无论跟什么样的人在一起，经营都是最重要的。我们都应允许别人有点瑕疵，就像自己也不够完美一样，只要两个人价值观相同，没有太大分歧，然后一起努力奋斗，一起去看看世界，一起去体验生活的变化，一起得到身心的成长，就 OK 了。其实，也只有这样的感情，才能经得住考验，爱得更长久。

你足够好,足够有见识,就能在任何场合、
任何人群中成为闪耀的珍珠。

你一定要努力,但是千万别着急

别成为他们的看客

文 | 陆小墨

是时候创造你自己精彩的生活了，
让别人为自己点赞，
然后一直，酷下去。

V先生是我在网上认识的一个朋友，他对吉他颇有研究，大学时还是乐队的主唱。

我刚认识他那会儿，他时不时会分享给我他喜欢的音乐，大多都是偏向于欧美风格，也有小众的民谣歌曲。有些音乐我听了很喜欢，他就会根据我喜欢的音乐风格帮我找好听的歌曲，断断续续推荐了二十多首歌。

他也很会过生活，周末会做满满的一桌菜，约着几个好朋友畅吃一番。菜品多样，生活有滋有味。如果遇到节假日，像是前段时间的圣诞节，他还会去蛋糕店手工制作霜糖饼干，做好了送给同事，满满的都是爱。

我大学时就很想学吉他,但时间都过去快五年了,我的吉他水平还是停留在练习和弦的状态,止步不前。所以,我非常羡慕 V 先生酷酷地弹着吉他,哼唱最近流行的音乐,还能享受片刻的闲散时光。

M 小姐是我在旅行途中遇到的一个女孩,短发大长腿,性格大大咧咧,说起话来特别凌厉。

那时我一个人去广州玩,在上下九的甜品店里遇到她,因为店里人特别多,我们两个非常巧合地拼了桌,聊起来才发现彼此特别投机。

广州是 M 小姐的第一站,她平常工作特别忙,有时候周末都要加班,她觉得自己都成了工作的奴隶。

长时间地工作总会让人出现疲态,她开始不喜欢现在的生活状态。除了枯燥无味不说,一般休息时她也不愿意出去参加聚会,不想出门,就连逛超市都嫌麻烦,直接在网上买生活用品。

她唯一的休闲方式就是躲在家里看电视剧,懒得都快发霉了。

M 小姐开始受不了自己,终于在某个看起来特别平常的假期出去散心,一个人去广州玩。

出来之后她才发现,之前都是自己在找借口,什么时间不够用,什么工作忙得抽不出身,什么旅游劳累,不过就是自己不想和懒得想而已。

你一定要努力,但是千万别着急

接下来的半年时间，M小姐在工作上也没像之前那么奔波劳累了，她试着平衡自己的工作和生活。平常对生活充满期待，工作上效率也会提高。

周末她会约上朋友爬山野营，也会参加一些兴趣俱乐部，还打算尝试更多新鲜好玩的事情，例如蹦极、滑翔和骑行。

前几天和她聊天，她说打算今年放假去拉萨玩。

听到这消息我很惊讶，看样子她是不打算回家过年了，直接去外面耍，真是变成了一个越来越酷炫的妹子。阳光，积极，且洒脱。

我问她："你是怎么做到一下子把生活变得这么精彩的？太羡慕你了。"

她很认真地告诉我："小墨，别羡慕我的生活，你也一样可以。"

J小姐出国留学了，准备了一年时间终于能够去美国心仪的大学读书，念的也是自己喜欢的专业，虽然没能拿到全奖，但是半奖就已经给她减轻很多负担了。

她想着，出去后不光得学习，如果有机会还可以教中文赚点生活费。她开始规划起在美国的生活，特别是自己需要达到的目标。

即使很多人在羡慕她，但却不会注意到，看起来光鲜亮丽的留学生活往往伴随着通宵达旦，再加上之前备考雅思和GRE时的心酸历程。

我们都喜欢看到好的结果，而不是这实现结果路上所经历的种种压力和磨难。

那些挺过来的人，譬如J小姐，并不觉得这有什么值得羡慕的，因为她也曾羡慕过其他更优秀的人。难得的是，J小姐不光羡慕了，还去做了，并一路坚持了下来。

我发消息给J小姐，恭喜她终于实现梦想了。

J小姐笑着说："嗯，我也没想到自己能够实现，以后要加倍努力让自己变得更加优秀，虽然现在还只是无名小卒，但我们终究是会有所成就的，无论对家庭还是对社会，都要创造价值，这是我最大的梦想。"

真的是好棒，我默默地在心里给她鼓掌，刷着她朋友圈里的精彩生活。没有颓废，没有懊恼，只有满满的正能量。

Z小姐要去非洲实习，在内罗毕一个类似NGO的组织，是一个华人少年和一批有梦想的少年创办的，他们想成为中非之间的桥梁，也想帮助当地华人更好地融入非洲生活。

她从大学起就对非洲充满了好奇和憧憬，从TED上了解到非洲妇女割礼文化，让她特别想去当地看看，这样惨绝人寰的习俗为什么会被保留下来。

然后她就一直留意相关的资讯，直到偶然间看到了中南屋的招聘，目前已经通过了面试，这个月就要开启非洲之行。

Z 小姐说，梦想的实现来得这么不真实，她甚至都想掐一下自己的脸蛋，看看自己是不是梦游了。

目测在未来又会是一个酷炫的小妞，估计我就只能躲在手机屏幕后面偶尔刷刷她的动态，看一下非洲美景和当地美食了。

我们宿舍的人前段时间一直都处在忙碌的状态，原本几个都宅在寝室的人突然一晃眼都出去了，一个在银行实习，一个在投资业打拼，另一个在做新媒体，就只剩下我，还在弄论文。

于是，我就无比羡慕她们，在某个晚上的交谈会上讨论起这个，其中有个人说了这样一段话：

别总是羡慕别人的生活，因为这样你永远只是他们生活中的看客，看着看着你就把自己的生活过得越发无趣了。你需要给自己定目标和规划，让自己充实起来，努力成为别人羡慕的对象。等到那个时候，你也就不会轻易觉得他们的生活有多精彩了。

因为你的生活，一样多姿多彩。

可是很多人都没能意识到这个，自然而然地每天都沦为那些优秀的人的看客，我也是一样。

我想健身，就关注了微博上几个健身达人，每天刷着他们推送的视频，有练马甲线的，有练瑜伽的，有跳街舞的，还有瘦腿的，可是看看也就过去了，如果刷微博的时间能直接用来健身，坚持一个月下来，也能有点效果了。

我喜欢旅行，可是大多数时候都只能在朋友圈里看着身边朋友飞来飞去，拍着景色怡人的照片，也品尝着各地的美食，自己却还是躲在寝室吃泡面。

我觉得弹吉他很酷，一直想学，但始终没有真正把时间花在学吉他上。那时候 V 先生也说要教我弹，一切条件似乎都具备了，除了时间上的安排。可我还是一面羡慕着别人能够弹唱好听的音乐，一面不愿意花时间学。

所以，是时候告诉自己了。

你已经长大了，别再羡慕别人的精彩生活了，关上微博和微信，把手机收起来，拿出点时间用来学习、出行和健身。别再沦为网络生活中的看客，永远都只是为别人点赞。

是时候创造你自己精彩的生活了，让别人为自己点赞，然后一直，酷下去。

别羡慕别人的生活,你也一样可以。

任何一个对的人，
都不是白等就来的

文 | 颜夕遥

专注去爱，享受当下，充盈自己，
你自然而然会变得温柔而笃定。

前几日，我们一班好友坐在一起讨论，说我们这一代人哪，上学的时候家长们总是殚精竭虑，万般阻挠我们去恋爱，偶然在家里的信箱收到几封情书也全部被爸妈事先拆过，偷偷藏起来的日记本总是在出去玩了一场后却突然出现在了书桌上，每一次异性朋友打电话过来，家长都屏住呼吸在分机偷听，聊得稍微久一点爸妈会在分机那头假装咳嗽，费尽周折也要把暗生在心里的小火苗扑灭。终于熬到上大学自由了吧，家里天天打电话过来查岗，三不五时还进行思想教育，严重一点的仿佛觉得谈恋爱就是一件伤风败俗的事情。

可是毕业以后，就恨不得立马天上掉下个条件优越到不行的女婿或儿媳妇。工作一两年还没谈恋爱家里大人都逼着相亲了。

打开朋友圈，也不知道从什么时候起大家纷纷把剪刀手换成了婚纱照和宝宝照，不知不觉我们这一代人也到时间忙着结婚生子了。

我的单身朋友瑞琪和 C 小姐也在大步流星地走向各种交友和相亲的场合。

瑞琪，24 岁，谈过两次恋爱，平时喜欢健身，参加电影分享会，在各种培训会和交友聚会中流转。择偶标准是：她不接受异地恋，要有相同的兴趣爱好，喜欢看电影，不抽烟喝酒，对方年龄不超过 30 岁，对方恋爱次数还不能为零。

我们说她条件太苛刻，不太好找。她也一本正经地感叹，要找一个不将就过一生的人的确不容易。

C 小姐，31 岁，从未谈过恋爱，平时喜欢晨跑，喜欢宅在家看电视剧，偶尔也和朋友同事逛街吃饭。择偶标准是：年龄身高不设限，只想找个懂自己的人。

这两人都是老熟人，平时说话坦诚且不深藏。

瑞琪说起她的择偶标准头头是道，C 小姐却恰恰相反，龃龉了半天才说就想找个懂自己的人。

两人的择偶观有着鲜明的对比。瑞琪知道自己几斤几两，也知道自己想要什么，清楚自己能接受的范围和底线。C 小姐的择偶标准看似一句话就已概全，但细问下来她自己也说不明白她心里那个人的轮廓。

其实生活中也总会遇到很多大龄男女青年的反应和 C 小姐如出一辙，当别人问起自己的择偶标准时，要么沉默良久说不出话来，要么嘴上常念叨这几句："其实我要求一点都不高，有个知冷知热知心的人就可以。我没有什么要求啊，只要有个懂我的人就够了。"

这些没有要求或者要求不高的说法，与瑞琪的说法相比起来才是真的要求苛刻。

　　心心念念地说着宁缺毋滥，可真正自己内心需要什么并不明确。不了解自己的内心和渴望，所以才迷茫地抛出这样几句要求不明确的敷衍话。

　　平常刷微博、刷微信的时候总会看到很多人都自黑是单身狗，注定孤独一生。

　　问其原因，他们有的抱怨朋友圈子太小，有的工作时间太长空闲时间太少，挑剔着身边的人，拒绝参加聚会和活动，下了班就宅在家里打游戏煲电视剧，嘴里说想脱单却不愿意去尝试认识新的人，不给自己机会却又口口声声说要等一个对的人。

　　我相信，任何一个对的人，都不是白等来的。努力成为一个更好的人才会有更大的机遇遇上一个更好的人。

　　谈恋爱也是一件需要学习的事情，是认识自己、了解自己的好途径之一。给自己一个机会，也给他人一个机会，才有幸福的可能。每一次用心地恋爱，不管最终能否走入婚姻殿堂，都会对自己的内心有新的认知和调整，也自然能更好地融入和经营好一份感情。

　　前些日子香港作家蔡澜在广州南国书香文化节上开讲座，因蔡澜先生通晓英语、粤语、普通话、日语、法语、潮州话，有一位记者便站起来向他询问学习语言的一些方法和经验。

　　蔡澜先生坐在座台上眯着双眼笑成了一条缝。他回答：第一，要谈恋爱。你如果喜欢一个韩国男人的话，你就会拼命去学韩语。

　　第二，除了人，还可以跟学问谈恋爱。你如果要做考古学家或者

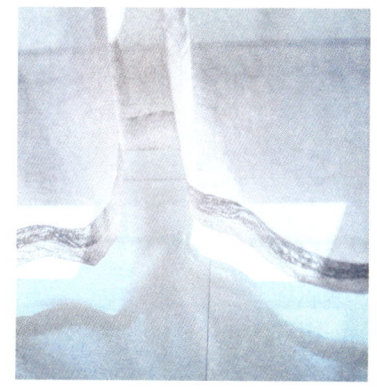 

给自己一个机会,也给他人一个机会,才有幸福的可能。

要认识动物,那么你就要学拉丁文,因为考古学里有很多拉丁名字。

所以学一样东西先要爱上那样东西,你如果真正爱上的话,多辛苦你都会学到,你如果爱得不够的话就算了吧。一定要深深地爱一样东西或者一个人,真实地付出和努力,才能真正学会和有所得。

当时满堂皆是啧啧称赞,在场的我也很认同蔡澜先生这番话。

年轻的时候应该去谈恋爱,甚至是多去谈恋爱。就算发展不了长期恋爱关系也应该多结识些新的朋友,多了解这个世界的广阔和多元。

我这里说的"多",并不是指数量。因为遇到合适的人跟次数并没有直接关系,年轻也并不是轻率的筹码。

我所想要鼓励的,是希望大家都能多给自己机会。与其抬头仰望不如勇敢地跨出那一步,多让自己尝试谈恋爱,多让自己接触新的事物。

因为恋爱这件事情,不管是放在什么时候,都不是件浪费生命的事情。一段深情的爱恋能让生命更完整美好，两个世界的叠加能丰富自己的认知和生活，对未来有了共同的目标和期许，自然也会付出相对应的努力。

千万别抱着积累经验的态度去盲目地追求恋爱数量，这样只会浪费他人的真心，走入情感误区，把分手和离开视为常态来亵渎一份真挚的感情。如此不珍惜，待到哪天失去挚爱后才会后悔做这种不负责任的蠢行。

正在恋爱的人也不要轻易放弃，有一个喜欢的人彼此走一段路程已是弥足珍贵，所以在遇到的时候不要瞻前顾后左右衡量。每一次恋爱都真正用心了，怎能容忍自己随便轻易放弃？心里明白错过了会有多遗憾多可惜。

当然，婚前恋爱的次数与家庭幸福有没有因果关系，说法不一，却不能作为来衡量一份感情的标准。唯有跟随自己内心的感觉走，终其一生，生活都是自己在过的。

那到底要谈多少次恋爱才能修成正果呢？如今并没有一个水准来准确地衡量婚姻的幸福指数。

周国平老师曾经说过："我不相信人一生只能爱一次，我也不相信人一生必须爱许多次。你是深谷，一次爱情就像一道江河，许多次爱情就像许多浪花。你是浅滩，一次爱情只是一条细流，许多次爱情也只是许多泡沫。"

感情是一面布满灰尘的镜子，站在镜子前端详，若不拭去镜子上的尘土谁也无法立刻看清自己。

每谈一次恋爱都是心灵的交汇，每一次用力地去擦拭镜子上厚厚的尘埃，就能多看清楚自己几分。明白自己到底喜欢什么，需要什么，能放弃什么，又无法割舍什么，能掂量这份感情的重量。

很多人都有些排斥相亲或者通过朋友介绍的方式去认识一个人，觉得年纪大了沦落到相亲很丢人，其实这只是认识一个人的一种途径而已。如果不是很清楚自己内心想要什么，朋友圈子太小，平日里接触异性的机会少，那么通过这样的途径先从朋友做起，认识一个新的世界也无妨。

如果不去尝试一下，你甚至连冷暖自知的体验都没有。鞋子合不合脚，真的穿过了才知道。

反正又不是马上就要交换誓言，承诺终生，又不是明天你就要嫁给他，或是你就要抬大花轿来娶她。

就算最后彼此分离也没关系。如果，不知道自己想要什么，但知道自己不想要什么，这也算漫漫长路的一丝光亮了吧。

有的人很幸运，同初恋携手未来，婚后生活幸福美满，也能珍惜和处理好两人的今天。这是我徒然艳羡的佳话。

但很少有人有这么好的运气，失败几次也不丢人，发现不对就及时止损。

合则来，不合则散，千古不变的真理。

都说不以结婚为目的的交往都是在耍流氓，可一上来就想着结婚，必然也会少了很多有趣而浪漫的过程。

恋爱后未能有情人终成眷属的感情也未必就是失败的，只有经历过了，才清楚自己的原则和底线在哪里，才能了解什么是自己真正想要的，到底什么样的人才更适合自己。

任何一个对的人,都不是白白等来的。勇于正视和接纳,不故步自封,也不妄自菲薄,自信而勇敢。喜欢真实的自己,也做更好的自己。无论从哪方面而言,认清自我,接受自我,都是通往幸福的关键一步。

在那些一个人的日子里,更要好好爱自己,宽容努力,珍惜。

当有一天,你不再害怕失去,不再有恃无恐,不再畏惧痛苦和战战兢兢,而是愿意去相信,哪怕顷刻潦倒,亦能东山再起。就算颠沛流离,也能心安理得。无论在未来对方是否离开你,你都可以重整旗鼓,在不动声色的日子里活出趣味来,开始一段属于自己的新生活。专注去爱,享受当下,充盈自己,你自然而然会变得温柔而笃定。

在那些一个人的日子里,更要好好爱自己,宽容努力,珍惜。

你一定要努力,但是千万别着急

我们努力,是为了有底气拒绝自己讨厌的一切

文 | 陈大力

变得强大起来,变得有底气拒绝,
这才是最不容易走歧路的成长。

我专科毕业,找工作找得焦头烂额。在上海这样的一线城市里,连高学历的人找工作都找得战战兢兢,动不动就是 TOP 5 的、读博的、海归的,他们都踩着别人的失败往金字塔顶端爬,日夜不歇。

我知道自己条件不好,高薪的工作是不指望了,于是拿很微薄的收入,在这个高楼林立的城市缝隙,跟随波逐流的人生艰难抗衡。住的地方离公司远,每天十点到家,第二天早上五点起床,月末了房租一缴,工资就所剩无几了。水电都是掐着指头用的,我为了省电,夏天连电风扇都不敢用,洗澡也都设着闹钟来。

说起来很夸张,但这是真的。

我不想回家乡。回到那个小村落,人生的轨迹一想便知,就是重复我长辈们世世代代所遵循的。但那有意义吗?就是做个抱小孩的家庭主妇,然后跟别人一起织着毛衣嚼舌根,把一生交付给狭窄的家,

最后彻底长大成人，变成可以嗑着瓜子催促晚辈"别挑了，快点结婚"的那种人。

但是，在上海孤独打拼的我遇到了一个人。他是开公司的，有妻子，具体多有钱我不知道，反正没见他买过低于四位数的衣服。我知道他喜欢的是我的外貌，求的也就是大家所唾弃的那种关系，但是他一口气帮我交了半年的房租和水电，我知道那不过是他根本不在乎的零钱而已。那天我跟他告别，在离开他的拐角突然嚎啕大哭，原来有钱是这种感觉啊。

然后他向我提了依附于他的要求，没错，就是你想的那样。我当然知道这是彻头彻尾的不道德，但我快撑不下去了，真的，我不想联系他啊，早就不想了，可是呢，以我自己的能力，好像就连稍微舒展地活下去，都成问题。

这是我收到的一封私信，在很多封"快期末考了压力很大"一类的牢骚里，这封给我的印象很深刻。

我其实特别心疼主人公。说真的，一个执意要离开闭塞的家乡，独自出来打拼的女孩子，多少都是有点心气的，做的是熠熠生辉的梦，多半也都厌恶这种让人不舒服的关系的。钱色交易当然应该拒绝啊，但我不知怎的，还是能理解她的犹豫。在她最绝望的时候有人伸过来橄榄枝，她要是拒绝了，就要背负着独自应对、独自捱的压力。

她的拒绝成本太高了。

再讲个极端点的。很多人都被催婚过，我的一个学姐也不例外。她其实很年轻，24岁，刚好本科毕业。父母的意思是她赶紧去找份稳定的工作，但她偏不，她去美国读研究生。她是个潇洒惯了的人，按她的说法，父母那套"赶紧结婚生孩子"的理论跟自己的人生完全不能搭配上，她还有更高的天地要闯。之前父母安排她相亲，她拒绝了一个又一个，父母眼中踏实憨厚型的、经济适用型的……父母都急了说你到底要哪种。她说，他们很好，但是她不喜欢，看着他们，不会心怦怦跳啊。

父母的回答是，现在这么任性，以后有你的苦头吃。

但我学姐还是遇到了那个让她心怦怦跳的人啊，在美国遇到的，还是麻省的高材生，比她小，但根本不在乎她的年龄。

说实话，她给我讲这一段和父母的战争时，我都替她捏把汗。人人都说"不将就"，但是为什么那么多人到了后来还是摆摆手说"算了算了，有总比没有好"呢？因为她们不是不想等，是等不起了。除了年轻，她们没有特别耀眼的附加价值可以冲破偏见，足以遇到一个脚踏祥云的完美王子。决定不等了，是因为很清楚等待的成本以后将继续升高，而自己既没有过人的学识和气质，也没有独自一人生活的经济条件。

说白了，过窝囊的、卑微的人生而不敢拒绝，不是你们所批评的"没情怀"，只是因为拒绝成本太高，仅此而已。

鸡汤谁都会写，从来没看过书的人也写得出"要跟随你的内心哦"——但一味鼓吹轻飘飘的勇气，而不看看当事人所站的位置，不看看他手里有没有用以反击世俗的利剑、用以跨越障碍的汗血宝马，就叫他在原地等着，站在全世界的对面，只让他用信念去死撑，真的一点用都没有。没有继续追求自由是因为有枷锁，不是因为不热爱。

我还收到过很多份让人蛮无奈的私信，比如说"我不是很喜欢他，但感觉拒绝他过后就没有人喜欢我了,我会很孤单"。我一直是个懒懒散散、常跟有为青年反其道而行的人,但这种时候我特别想说,解决办法就是变优秀啊!变优秀就行了,你看哪个女神不是拒绝了一个又一个,还丝毫不怕自己没人爱嘛。

我们很多人都降生在一个蛮不怎么样的环境,充满了偏见、愚昧、小家子气的斤斤计较,但我们不优秀到足以离开这里,便不得不继续捱着,甚至成为其中一份子。我们很多人也都没有出类拔萃的天资,当自己撞见别人过上了光鲜亮丽的生活,却依然无法立刻任性地把自己手边的丢掉——因为以我们目前这一点可怜的实力啊,根本就拿不出更好的来。

你没有足够的资本,让你能远离你所痛恨的、批判你所唾弃的,也就不必老拿情怀拔高自己,最终恐怕还是烂在泥沼里——变得强大起来,变得有底气拒绝,这才是最不容易走歧路的成长,这才是通往理想人生的钥匙。

这两天,父母催婚的话题在网络上讨论得轰轰烈烈。我最讨厌那种"你都这么大了怎么还不结婚"的论调,我会咬咬牙想,到了那个年龄,我将要拥有很多美好的东西,比如充实的生活、饱满的精神、不错的工作、开阔的视野——这些让我有底气拒绝,这些让我能轻松付下"独自一人"的成本,这些实实在在的基础才是让我可以大大方方、坦坦荡荡做自己的筹码,而非空口谈起的"坚持"、"情怀"。

谁都不想过窝囊的人生,不想在命运关头软弱,但是我们也不要做那种没实力还苦兮兮的逆行者。我们要做的是时代的弄潮儿,是有资格、有实力敞开胸怀做自己的勇士,我们可以斩钉截铁地拒绝,那些被硬塞过来的、陈腐又无奈的生活。

我希望有那么一天,不管社会多凶险,我也能站得足够高,有足够的资本和底气,拒绝我所厌恶的一切。

我希望你也是。

我希望有那么一天,不管社会多凶险,我也能站得足够高,有足够的资本和底气,拒绝我所厌恶的一切。

你这么年轻，为什么总焦虑不安

文 | 刁蛮猫姐

我们需要的努力是让自己普通人的生活也可以显得熠熠生辉。

说着说着，朋友 Y 突然趴在桌子上哭起来。

这一刻轮到我束手无策了，安慰人的工作，不是我的强项。

这是我见过 Y 哭得最伤心的一次，应该说是仅有的一次。要知道以前生活再难，她都能咬牙挺过去，可是这一刻，家里催她结婚都快要把她逼疯了，她没有办法反驳父母，但是也不知道怎么办。

她说，突然之间发现自己出来工作四年了，好像昨天才毕业一样。马上就第五年了，依旧做着一份很普通的工作，拿着不怎么样的薪水，可是她回头去看过去的四年时光，她都不知道自己究竟干了些什么，工作没有好好做，恋爱也没有正经谈过。

她很害怕自己就这样一直失败下去，工作的四年，她好像什么都不会，都不知道怎么面对自己的父母。

你一定要努力，但是千万别着急

她说第一年工作的时候，身边有个同事通过自己的努力，拿到了一个大项目，然后成功地成了她的顶头上司；跟她一起进公司的那个小姑娘，开了自己的英语培训机构，学员几十上百，自己好像一无所长，走在人群中随时会被淹没。

明年就是第五年了，过了第五年，在工作上再没有起色的话，就要一直这么平庸下去了。

偏偏时间过得那么快，有太多的东西想要尝试，有太多的事情想做，有太多的地方想去，可是好像根本来不及啊。

她觉得好害怕，很焦虑，她怕自己就这样匆匆过了一生，到最后，却什么梦想都没有实现。

真的需要那么焦虑吗？可是，你还这么年轻啊。

你怎么可以一口算尽整个人生呢？我见过 30 岁才开始跨界拼命背英语单词的男生，到了四十岁才开始真正走上英语这条道路的。

静下来，让我来告诉你：其实一切都还来得及。

很久之前，我报了个心理咨询师的成长培训班，当时和我一起上课的有一个 50 多岁的阿姨，学起来比我们都要吃力，每一次课她都认真做笔记，然后回到家里积极地练习，后来她顺利拿到了优秀学员的荣誉。

我读过摩西奶奶的书，我了解了她是 76 岁因关节炎不得不放弃刺绣，才开始绘画，80 岁时在纽约举办个展，才引起轰动。

我爷爷在 75 岁的时候才开始每天研究周易的书籍，到了 83 岁能把周易的观点说得淋漓尽致，很多人来向他请教，虽然没有过多少年他就离开了我们。

你为什么感到焦虑，来不及？跟这些人比，你凭什么说来不及？

要知道说害怕只是为了掩饰不去行动的一个借口罢了,什么都不去做,每天游离在自我催眠和害怕中。

为什么不去做一些改变呢?

我害怕呀!

你现在可以重新拿起你喜欢的事情,认认真真地做到极致呀?

不行呀,我害怕呀!

你可以尝试着去跟异性相处,好好恋爱一场呀?

不行呀,我害怕、焦虑呀!我都三十岁了。

要不要这么麻痹呢?这么天真呢?害怕是最没有影响力的借口。

你羡慕那些比自己跳得远的朋友,你说你也很想成为这样的人,努力了一段时间后,你发现自己还是没有所得,所以你开始焦虑,开始想寻找快一点成功的方法,越是这样,就越焦虑不安,越是什么都来不及。

我们为什么总是焦虑不安?或者说为什么总有那么多人跟她一样觉得慌张惊恐,觉得人生青春好像要没了,好像很多人生愿望真的就错过了,好像这一辈子就要过完了?而且对于一个女人而言,这种恐慌更会随着皮肤的松弛、眼尾纹的增加,以及大姨妈的量越来越少而成倍地增加。

害怕是因为前方的道路漫长而未知,害怕是因为现在落后于别人很多,害怕是因为怕终究无法成为自己想成为的人。

说到底都是因为追求结果的心急了,享受过程的乐趣少了,都想能够在短时间内得到大爆发,最好来个一夜成名。

这不怪我们,要怪就怪我们从小耳濡目染太多一夜成名的故事,使得我们在这焦躁的社会惶恐，生怕自己一辈子平庸下去。

但是有没有想过我们就是普通人，我们需要的是努力让自己的普通人的生活也可以显得熠熠生辉。

你要相信，总有一天，你的努力，会为你证明自己的，只要你愿意努力，愿意去改变，任何时候都会显得不慌张。

只要你愿意努力，愿意去改变，
任何时候都会显得不慌张。

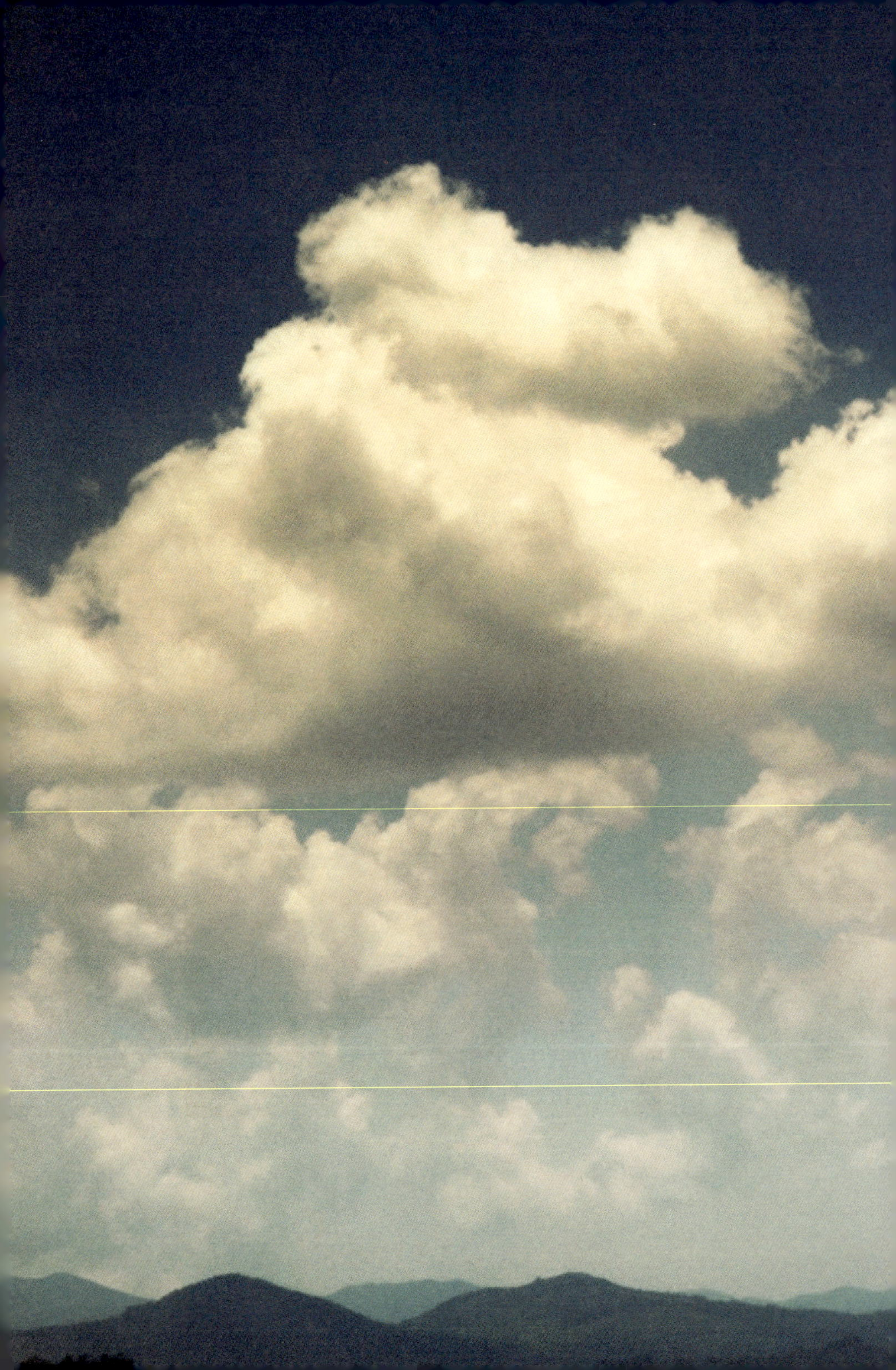

Chapter 2

不要害怕
成为一个怪人

无论你是在做什么，
未来将要做什么，
都应当是有趣的，
开心的，有意义的。

不要害怕成为一个怪人

文 | 玮夫雯斯基

哪怕你会被人看成一个怪人，也要坚持下去。

在我开始写作不久，一个朋友对我说："现在的你是一个怪人。"

我感到很好奇，问起他："为什么这么说？"

他说："你这样没有自己的生活。"

我说："嗯？"

"我们下班，踢球见不到你，吃夜宵见不到你，打麻将，唱KTV，喝酒，干什么都没你。我们知道，你要写作，你忙，可是，你要一直这样下去，你迟早就没朋友了。哪怕你写作有那么一点小名气，赚了一点稿费，可是，你失去的可太多了。"

一个没有朋友、没有生活的人，哪怕再有成就，他活着又有什么意思呢？

这话乍一听，好像有点道理。

我问："那我要去吃夜宵、唱歌、吃饭、喝酒我就有生活了对吗？"

"起码，这才是真正地活着。你自己也说过，你首先得是一个人，一个人他就得有生活。在集体中，你不能这么古怪，只顾自己，你不能不合群，这是人际关系差、情商低的表现。"

　　我问："那我完成工作了吗？"

　　"工作你完成了，可你不能没有生活。你不和大家聚一聚，年终奖优秀没人投你票，那你干的活就没人承认，那又有什么意思呢？"

　　话到这里，虽说朋友是不错的朋友，不过是时候分道扬镳了。

　　当然，这不是老死不相往来的意思，而是，我们注定渐行渐远，各奔前程去了。

　　因为我很清楚，生命是有限的，我们必须制定出优先级——每个选择背后都意味着某种放弃，所以，我知道是时候离开那个圈子了。

　　鱼和熊掌不可兼得，下班后的时间我得留给我所热爱的事。所以，啊，朋友再见，啊，朋友再见，啊，朋友再见吧再见吧再见吧……

　　我想起了我的一个师弟，他和我说，想要和我一样，通过从事心理咨询，加上业余写作，过上自己所想要的生活。

　　隔了很久，我问他："你写了东西吗？"他说："没有，我不知道在哪个平台写，我不知道怎么写才会被推荐，我害怕写不好，我害怕没人看。"他接着说，"每天待在家里写作，爸妈会觉我不务正业，同事会笑话我自不量力，师兄你知道吗？有次我的朋友看到我在写点东西，他说：'哎哟，不错，成作家了？要不要给我签个名啊？'

　　"我就觉得非常羞愧，感到无地自容。

　　"而且，我还喜欢这个，喜欢那个，我有朋友要陪，我有恋爱要谈，你知道，我是一个正常的人，我有我的生活。"

我问："那你到底写了多少？"

他说："一两篇吧，而且有些还没写完，不过，我不想变成别人眼里的怪物。况且，或许——我真的不是这块料。"

我没说话，记得我刚刚开始在网上写东西的时候，也是这样，只有三五个赞，偶尔会有一两个评论，后来，第一次被编辑推荐到首页上，我都兴奋好久，第一次被微博大号转发，被人@，被人评论，都是一件开心的事，我就这样一小步、一小步坚持着走下去，记得后来第一次被图书编辑搭讪，我还以为对方是个骗子，我想，怎么可能会有人找我出书嘛！我只是个写作爱好者而已啊。然后，我稀里糊涂出了人生中第一本书，让人感到又紧张又兴奋，其实心里最担心的就是书卖不好让编辑老师赔钱。

现在我有很多稿约，常常得到读者、编辑等朋友对我写的文章的支持与肯定，被各种公众号转载更是成了常事，但是即便如此，我有时还是会感到忐忑，我害怕我写得不够好，害怕我的见识太过浅薄，害怕自己现在不够成功，不够优秀，觉得自己不应该去大放厥词，担心误人误己。

我是说我并不是一个很自信的人。

我同样会时常陷入怀疑之中，会因为写不出满意的文章，会因为咨询工作中遇到一些让人棘手的问题而感到束手无策而焦虑。

但我和那个师弟唯一不同的是，我没有因为外在的干扰、内在的恐惧而放弃自己想要做的事，我坚持了下来。

现在想想，坚持，该是人类一个多么美好的品质啊。

心理学上有个"一万小时"理论，说的是只要你能坚持在某个领域里持续付出时间一万小时以上，你就可以成为这个领域顶尖的人才。

而我，没有去力求成为"顶尖"，我只是想靠这一行吃饭而已，算起来，我一共写作了不到两年，按每天两个小时算的话，只是1200小时左右而已，但是，我已出了第一本书，做了个公众号，顺利的话，我的新书两个月后应该可以面世，而且，在我手里还有几个合约。

我不是说我有多么成功，但是至少，我能通过我的技艺，按我所喜欢的方式吃上饭。

我很不喜欢说"理都懂，然并卵"的人，很不喜欢拿着"幸存者偏差理论"来作为逃避努力、不去坚持的借口的人，很不喜欢一脸鄙夷地说"干了这碗鸡汤"，然后继续活在懒惰、自卑、恐惧、怯懦里的人，这样的人除了嘲笑坚持自己、努力前行的人以外，只会自惭形秽，遍地寻找可以麻醉自己、安慰自己苟且于世的理由。

对于这样的人，或许我们可以问问他们，这样活着又有什么意思呢？！

我承认"幸存者偏差"的存在，但是，现在只是让你坚持做自己想做的事情而已，又不是非要你影响人类历史，留下显赫威名，所以，它不需要你天赋异禀，它不需要你聪慧过人，它只需你可以，坚持一下，在一开始被人嘲笑毫无成绩的那一刻，稍微坚持一下，如果你认定这就是你想要投身其中的事业的话，解决问题的方法有且只有这一个，那就是——坚持去做。

是的，坚持去做。

这四个字非常简单，也很困难，但是如果你想，如果你真的想做成一点事情的话，请毫不迟疑地去做。哪怕你会被人看成一个怪人，也要坚持下去。

因为你清楚你自己并不是。真正怪的，其实是那些不敢坚持的人。

如果你真的想做成一点事情的话,请毫不迟疑地去做。
哪怕你会被人看成一个怪人,也要坚持下去。

不要害怕成为一个怪人

你才二十几岁，
人生的意义，关你什么事

文 | 海欧

一辈子看似很长，
但时间却总是用得很快，
心支配着你怎样运用时间。

1.

你是不是胖子我不知道，可你一开口我就知道你内心是肥是瘠。

我认为，这个世界上是没有胖瘦之分的，体态这种外在的特征并不能代表什么，这话就好像哲学大师叔本华说的一样：

你看到的世界只是世界的表象。

没错，但我发现，现在的人，尤其是大多数二十岁出头的年轻人，内心是贫瘠而瘦削的。

最近收到一些读者来信，有一部分在校生以及刚进入社会的年轻人，对人生、对未来表示困惑时，总会提出诚如"我现在不知道该做些什么""为什么我总觉得人生非常没有意义""生活为什么这般无聊"的问题。

在此，我只想大吼一句：

你才二十多岁,不给我好好学习好好奋斗,人生有什么意义,关你什么事!那是哲学家干的活儿!

2.

我认识一姑娘,人美性格好,人人都爱和她做朋友,即使她不是土豪。

所以,"土豪我们做朋友吧"这句话只是个笑话。人们还是愿意和性格好的人做朋友,这里说的是真朋友。

我也喜欢和她做朋友。我觉得和她在一起,永远不会觉得生命是一件无所作为的事情,她总能让你安安静静地享受生活乐趣。

比如,她会给你烧几道拿手的好菜,让你玉盘珍馐佛跳墙。

比如,她会给你弹首曲子,让你内心宁静平和,得道成仙。

再比如,她会给你找出来几本书,上面还有详细的读书笔记,她一字一句写上去的。

如果这是位千金大小姐或者富贵的家庭主妇也就算了。

问题是,她是职场人士啊,在竞争激烈的地产业啊!

我曾经听过一个段子,说地产业玩的是心机,是江湖。

可她从未沾染浮躁的职场气息,虽然她已升过两次职了。她的过人之处并不仅仅在于职场的拼杀,更在于业余时间的利用。

有句话咋说的,一个人怎样使用她的业余时间,决定了这个人未来的成就。

她的业余时间,用在了烹饪、学习乐器、看书写字上。她做得欢喜,从不觉得人生无意义,更不觉得虚度光阴。这是一个懂得生活情趣的人。

一个人如果要掌握一项技能,成为专家,需要不间断地练习一万个小时。这是个什么概念?我这样和你说吧,如果每天练习五个小时,每年三百天的话,你需要七年的时间,才能掌握这项技能。

所以,如果你每天有5个小时是在QQ、微信或MSN上闲聊,7年以后,恭喜你,你会成为一个口舌过人的人。

如果你每天有5个小时是在化妆,7年以后,你可能需要玻尿酸、拉皮、紧致,才能让备受摧残的脸找回一点点青春。

如果你每天有5个小时是在打游戏,7年之后呢?你的手指更加灵活了,腰间盘更加突出了,眼睛更加不好使了,妈妈更加担心了。

不难发现,上面这三种人,7年之后除了从闲聊、化妆、打游戏到更会闲聊、更会化妆、更会打游戏,别无长进。

试想一下,假如你现在二十来岁,到了而立之年,你依旧是一个只会闲聊、化妆、打游戏的人,你会不会惶恐?

这样的人生于你而言,确实没有意义。

3.

还有一个朋友,射手座,闲不住,一有时间就出去游山玩水。

她觉得,生命就是应该浪费在自己喜欢的事情上。

虽然从表面上,她是在做着一件件浪费时间的事,可换句话说,这也是在享受时间啊!享受在大自然中自由呼吸的惬意,享受山水间的诗意灵动,享受探险时的乐趣无穷。

于她而言,旅行,就是热爱生活的表现,她将美好的旅途风景镌刻于内心，使之愈加强大，愈加丰盈，愈加美好，愈加无坚不摧。

是啊，没有什么比投身未知风景更愉快的了。她在旅程中找到别处的风景，此处的自我。我想起她在去完尼亚加拉大瀑布后给我寄的明信片，是这样写的：

瀑布的水冲下来，我仰面看着，觉得那湍急的水直击我的心脏，《圣经》中说的"洗礼"，大概就是这个意思。每一段旅途都是一次洗礼，我觉得心更加明澈了。

多好的感触，多好的姑娘啊。

几年下来，她已经去过二十多个国家，每一处，不仅留下照片，还认真写游记。她的博客，一度是驴友们关注的高人气博客，她自己乐在其中，觉得生活如此美好，山高水阔，晴空白鹤。

在旅行途中，她更是遇见了和自己志趣相投的人。都说患难见真情，他们在非洲的旅行中遇到过暴乱，在登富士山的时候遇到过小型雪崩。但他们都相护相持，一起面对困难，冲出困境，因而这份感情也更加可贵。

有好几次，他都受了伤，都是为了救她。其实他如果不顾她，自己根本不会受伤，可他不啊，他要护她周全啊。

什么甜言蜜语、风花雪月，都比不过险境中一场不离不弃、生死相依的逃亡。

如今他们已经在一起三年了，一起合作出版了三本书，但他们的脚步一直向前，只为内心更加丰盈。

生命就是应该浪费在自己喜欢的事情上。

4.

有个加班狂同事,每天都加班,不浪费一点时间。我问他不累吗。

他说,顾不得累不累,只知道自己的才华必须要配得起自己的野心,所以分秒必争,舍不得浪费时间。

是啊,当你的才华还撑不起你的野心时,就像个疯子一样去拼命吧!

他虽然还没有升职加薪,但我觉得,那是迟早的事。

他和我说过,他欣赏一位业界的前辈,自己就是要努力奔跑,直到有朝一日成为前辈那样的人。

我问:"欣赏一个人,是不是因为你们有共同点?"

他说:"我欣赏他,是因为他处事不惊,沉着应对,任何棘手的事情到了前辈那里,都能轻松而解,这不光是专业上的无敌,更是心灵上的披靡。"

一辈子看似很长，但时间却总是用得很快，心支配着你怎样运用时间。

不要做思想上的瘦子。我希望我们都不会对这个世界产生无聊、无趣的想法，无论你在做什么，未来将要做什么，都应当是有趣的、开心的、有意义的。

这样，才不枉此生。

无论你在做什么，未来将要做什么，
都应当是有趣的、开心的、有意义的。

你的"自尊"被碰疼了吗?

文 | 陶瓷兔子

这世上最过肮脏阴险的,从来都不是权势,
不是金钱,而是一个人自以为是的"自尊"。

1.

我被初中时期最好的朋友疏远,不过是过了一个暑假的事情。

那个每天跟我一起上学、放学、回家,仿佛有着说不完的话,就连课间也不忘从隔壁班跑过来,站在教室门口大声喊着我的名字叫我出来聊天,两个班一起上的体育课,跑步的时候总是会假装体力不支掉队然后偷偷蹭到我身边只为闲话几句的小姑娘,她似乎,忽然不再把我当作她无话不说、形影不离的好朋友了。

起先是总找借口不跟我一起回家,即便是在楼道里遇到也不再热络地牵着手说东道西,再后来渐渐在学校里遇到也总装着没看见,转头跟她身边的同学说笑着,目不斜视地从我身边经过,好像是经过一股空气。

我并不知道如何得罪了她,苦思几周无果之后终于鼓起勇气去问,却被她带着莫测笑容的眼神扫过一眼："没什么，你挺好的。"

我只是不想再和你一起玩了而已。我读懂了她藏在眉间眼角的潜台词。

有一次她上语文课忘记带课本，课间匆匆地跑过来，喊着我们班另外一个同学要借书，那个女孩不在，我连忙把自己的书递出去给她，她又用那种穿越了空气的眼神盯了我一眼，并没伸手接过，反而是拉住一个刚准备进来，她并不认识的女生："同学，你能不能把语文书借我一下？"

"你就拿我的去嘛，我笔记记得可全了。"

"你学习好了不起是不是！"她恶狠狠地瞥了我一眼，转身拿着另外一本空空如也的课本离开。

目睹了一切的班主任看我太过尴尬，偷偷把我叫到一边："她疏远你，是为了保护自己的面子罢了，并不是你做错了什么。"

"可是我并没有伤害她。"

白发苍苍的老师叹一口气："你从上学期开始，考试成绩就一直比她好，排名也比她靠前对不对？"

"可是我又不是想跟她争排名，我们明明可以一起学习的，我的什么参考书笔记都可以给她看。"我记得自己当时的辩白。

"太自卑的人，总是习惯在别人身上找尊严。你还小，现在不明白，你以后会懂的。"

2.

小的时候读《天龙八部》，觉得慕容复简直是书中的一个大bug，先是虚张声势地用"以彼之道还之彼身"忽悠了大半个江湖，又将朱碧双姝、四大家将，以及王语嫣的痴情狠狠渲染一番，用以衬托"强将手下无弱兵"的慕容公子的才貌无双，甚至将与他齐名的"北乔峰"都浓墨重彩地夸耀一番，要知道对手有时候比朋友更能显现一个人的品格和眼界。

而当慕容复真正出场了之后，却不是被珍珑棋局弄得心神迷乱险些自杀，便是在万仙大会上被缠得脱不了身，败在了段誉手下，更是被萧峰"像小鸡一样提起，重重摔下"。从此颜面全无，乃至自甘堕落到认段延庆为义父，手刃家将直至疯癫，建国不成，心腹星散，只落得对着一群小孩子称帝耍威风。

我很喜欢的一位写金庸的作者六神磊磊总结：

他（慕容复）太过孤傲耿介，在交朋友的时候往往想俯就却不肯折节，欲礼贤却不能下士，有计划却不知变通……最可惜的是，他一边辛辛苦苦地找朋友，一边却错过了那些真正能够帮助他干大事的朋友（乔峰、段誉、虚竹等）。

慕容复并不傻，他明知道除过一身绝世好武功在他之上，乔峰还是大辽的南院大王，而段誉除过一手举世无双的六脉神剑更是大理未来的皇帝，虚竹统率的灵鹫宫更是罩着武林大半个江山。

他可以低声下气地去求段延庆，可以屈尊纡贵地去拉拢"三十六洞主和七十二岛主"，为什么去跟乔段虚三人结交就是如此困难？

直到后来长大，我才慢慢体会到这一段。

慕容复是《天龙八部》中最骄傲的人物，他文武全才，他严于律己，他兢兢业业，可他的骄傲里全是自卑，自己在武林中混迹都是靠

如果能够肯定自己，就算赤裸示人也无所谓，既没有必要夸示自己的力量，也不需要铠甲伪装自己。

着整个慕容家族的名声势力而非他自己，而慕容博"已死"，慕容家跟王家闹翻，慕容复心里比谁都更清楚，所谓"南慕容"，早就已经是一张经不起任何风吹雨打的遮羞布，遮住他其实并不丰厚的家底、并不高强的武功和并不现实的梦想。

所以他看到段誉，明里是不屑暗地是自卑，段誉是大理名正言顺的小王子，而他只不过是一个并不为人承认的落魄燕国皇族。

看到乔峰他则是惭愧，二人的实力相差太远，乔峰靠着自己一双手打出"北乔峰"的名号,而慕容复所能倚仗的"慕容世家"早已成了一副不堪风吹雨打的烂摊子。

看到虚竹他则是嫉妒,明明天资高出许多,可叹运不如人,只能眼巴巴地看着他平白收获了一身好武功、一拨儿好手下,默默地吞一口唾沫摆出一张鄙视脸"他算是什么东西,不过是靠造化罢了"。

憎恶自己不能拥有的,无关地域古今一心。

他太过自卑,以至于不敢与和自己地位相当的人相处结交,反倒是面对三十六洞洞主和七十二岛岛主之类的无名之众,被众星捧月地夸奖着赞美着才能找到一丝存在感,他将自己打扮得太过高傲,以至于宁愿俯首于段延庆改姓更名,因为他心知肚明,他是可以在段延庆身上找到自己的骄傲的,最起码他又帅而且不残废啊。

为了这一点虚无的尊严,他宁愿俯就,也不愿与自己旗鼓相当的人结交,宁愿失败,也不愿被人靠近真实的自己。宁愿疯癫,也不愿意去面对自己是个彻头彻尾 loser 的现实。

这世上最过肮脏阴险的,从来都不是权势,不是金钱,而是一个人自以为是的"自尊"。

松浦弥太郎曾经写过一段有关伪自尊的话:

聪明的人,努力的人,可以靠才华和勤奋达到某种程度的成功,但他们往往无法再更上一层楼,此刻阻挡他们成长的,就是"自尊"。这种"自尊"很可能是我们为了保护自己、向人炫耀、打压对方而存在的铠甲,看似坚不可摧,实则不堪一击。

如果能够肯定自己,就算赤裸示人也无所谓,既没有必要夸示自己的力量,也不需要铠甲伪装自己。

这种伪自尊以骄傲的模样大摇大摆地出现，却掩不住华丽外表下深刻的自卑，自卑又进一步变成鄙视，慢慢让你厌恶跟那些和你旗鼓相当针锋相对的人交往，因为他们会无时无刻不提醒你，什么才是真正的优秀和自尊。

让你逐渐习惯从那些"不如你""比你差"的人身上去寻找成就感和那所谓高高在上的尊严。

可是你找不回来了，在你试图以骄傲掩饰自卑，又以拒绝凸显高傲的时候，你就亲手埋葬了自己成长的机会和真正意义上的尊严，从此只能在他人的眼里过活，却再也做不回自己。

多么得不偿失的一场交易。

别让自己努力得满腹委屈

文 | 正经婶儿

人要努力,但是不能低着头努力。

昨天我出门开会打"优步",一早一晚,遇到了两位风格迥异的专车司机。

第一位,是在早高峰的时候。载我的是一位年纪偏大的师傅,我一上车,他就问我说:"怎么走啊?"

我说:"跟着导航走吧。"

车开出去一段,就开始堵车,师傅挠挠头开始嘟嘟囔囔抱怨说:"我早上六点就起来拉活了,等了一个小时才拉一单,现在你是第二单,哎呀,又赶上大堵车,哎!今天早高峰任务算是完不成了!"

"早高峰任务很难完成吗?"我特别喜欢了解各行各业的人的状态,便问他。

"优步的政策是早上六点到十点算是早高峰,这段时间内拉够四单,平台奖励司机一百块钱。"

"那不少啊！"

"你看我现在就堵在这儿了，我把你送到国家会议中心，一个半小时过去了，然后我还得空载回到这个地方等单子，任务肯定是完不成了……"怨气发泄出来，并没有让他好过多少。正说着，右边车道有车要并线，他厌烦地"啪啪"按喇叭。

虽然我不太明白为什么他在城里跑还要放空车到老地方等派单，但是看他一筹莫展的样子，肯定是单子不好接。

对于自己为什么完不成早高峰任务，他把这个责任都推给公司了："现在公司太坏了，太欺负人了！他们标准定得这么高，故意让你完不成任务！对了，要不你下车后你再下个单，我抢着了就能完成任务了。"

我表示下车后还要赶时间，他便没有再勉强。虽然一路上他苦大仇深地给我灌输负能量，不过我还是在乘坐体验那一栏给了他五星好评，按照我下车时他所要求的那样。

下午从会场出来，又叫了一辆车。是个笑容满面的年轻人，我一上车就热情地跟我打招呼。

有感于上午的经验，我问师傅说："现在单子不好抢吧。"

"也没有啊，我早上六点出门，接单率还是挺高的。"

"那早高峰奖励能得到吗？"

"我能啊。我还建了一个微信群，里面有两百多个司机，我老乡都是跑优步的。"等红灯的时候他乐呵呵地展示给我看，"我老能完成任务，所以他们都加我，哈哈。"

他不仅能完成早高峰订单，拿到一百块奖励，而且下午四点到晚上十一点也能够顺利领到奖励，又能拿到九十块钱。

司机小哥表示早高峰完成奖励，光是等单是不行的，有的区域有私家车的比较多,自然不会打专车上班,等在那儿再久也没用;还有就是,因为平台是靠接单量计算奖励的,所以按长距离的订单一定会吃亏,再熟悉路况的司机也架不住三环四环堵两个来回。

经过他的细心观察和多次实验,发现西北五环的科技产业园区早上最好接单,那儿年轻人多,需求量大,而且基本上打车都是从宿舍到单位,最多也就是两三公里路程,轻轻松松完成任务。

专车司机一个月多的话能挣到一万多块,少的话几千块。同样是早上六点出车,晚上十一点收车;同样是辛苦、单调的工作,却有不小的收入差距。虽然优步司机中,优胜者比一般人也就多挣几千块钱,但是这说明了一个道理,在阶级、背景、起点和平台都高度相似的情况下,胜出的会是有心人。

而抱怨外界,投机取巧,幻想不劳而获,总是觉得是命运故意来磨得自己没脾气,即便是拼命往前跑,也很难使自己的努力增值。

所以古龙说:"聪明人不会让自己吃苦的,但是不吃苦,又只能停留在小聪明阶段。"

《笑傲江湖》第二季,有位选手卖彩虹圈十块钱一个,一天能在街头卖出四万块钱,同样是街头生意,比别人卖得都好太多。刚开始评委还不相信,四万块就意味着要卖出四千个,怎么可能?

等节目开始后,评委们完全相信他能够卖出那么多钱,因为他把彩虹圈玩出十八般武艺,特别吸引人。

这个世界上努力的人很多,聪明的人也很多。但只有努力加上聪明,才能够获得更好的收益。

人要努力,但是不能低着头努力。

年轻的时候对于在高位者和白手起家的人有些偏见,总觉得他们要么就是入行甚早，要么就是运气奇好。这些人在我眼里就是投机倒把或者暴发户的代名词。这几年见了不少人，基本上把我之前对于有钱人的认识推翻了，我发现这个世界上聪明人都在从事着赚钱的事情，而最聪明的人从事着最赚钱的事情。而在现代社会，你获得的收入是和你自己的能力基本匹配的。

我们集团的老总，只要见过你一面，第二次就能够叫出你的名字，感觉特别亲切。有时候换身衣服换个发型进大楼的时候还会被保安拦下，让我出示工作证，所以他的记忆力实在是让我印象深刻；上次还见到某个创业型互联网公司的 CEO，四十岁出头，戴个眼镜穿个格子衫，背着双肩包看起来平淡无奇，但是一和他谈话，发现这个人真的是了不起，知识之丰富，对于不熟悉的领域之虚心，让我佩服不已。

人的智商从科学上来讲取决于三个部分：神经智力、经验智力和反省智力。

其中，我们大多数人的神经智力都差不多，中国人平均神经智力105，大部分人低于这个水平，神经智力有特别爆表的例子，比如爱因斯坦。

经验智力，就是重复做一件事情能够达到的水平，比如日本纪录片《寿司之神》里面的小野二郎，他做寿司五十年，现在的手艺已经出神入化。

反省智力，就是你对于事情的判断、应对和积极心态。这是智力当中把人和人真正拉开的部分，也是最重要的部分。大凡我们所谓的聪明人，反省智力都比较高，而反省智力根本上是一种逻辑思维能力，它能够使成功的结果放大。

所以那两位优步司机，在神经智力和经验智力基本一致的情况下，反省智力高的人，就可以在这个领域取得殊胜。

所以不是把一件事情重复一百次就会成功，不断地重复而从不思考，只能说你行动过，经历过；而在不断的重复过程中总结经验，积极思考，才叫作经验，是去芜存菁之后真正宝贵的东西。

在此过程中得到的一切，谁都拿不走。

人要努力，但不能低着头努力。

爱是在一起说许多话

文 | 傅首尔

我就想和她说说话。

飘零做归宿,爱无法解读,有些话不说因为于事无补。

2008年,我在上海一家外企工作,忙得昏天暗地。有一阵工作不顺,又失恋,生活无法自理,过得猪狗不如。

大概是电话打得少,我妈选了一个周末搞突然袭击,一进门看见屋子变成垃圾场,脏衣服一堆,吃剩的盒饭没扔,碎照片撕了一地,她心爱的女儿躺在床上像一条死狗。

我妈问:"你怎么搞成这个样子?"

我不出声。

我妈问:"出了什么事情?"

我不出声。

我妈问:"他怎么没来看你?"

我捂着被子呜呜呜哭。

我说:"妈妈我好想死啊。"

我妈一下子慌了,也哭着说:"你不要吓我……"

从小一起长大,恋爱五年,即便不知道什么是爱,但是已经习惯,像伤口黏着纱布,一撕就皮开肉绽,痛得钻心。

分手的原因,就是无话可说。

他在浦东工作,住在浦东,周末来看我,我要么加班,天天盘算如何以最快的速度升职,要么趴在电脑上写稿子,给无数杂志投稿,做梦都想当个作家。

至于升职或当作家又有什么了不起,没有仔细想过。很多人都是这样,撒开两腿奋力奔跑,不知道跑向何处,但是停不下来。

偶尔出去逛逛,总觉得很累,话都不想讲,沟通仅限于事务性对谈。

吃什么?

都行。

饱了吗?

饱了。

想看什么电影?

随便。

吃爆米花吗?

嗯。

没有牵手的欲望,也不睡觉。背靠背玩电脑,我在寂静的夜里噼里啪啦敲击键盘,他默不作声,像一团空气在我身后,一直以为他在玩游戏,有一次起来喝水,瞥一眼屏幕,突然发现他在翻看我的博客,心里猛地痛了一下,像遭遇雷击。

因为好强被 Team leader 整，情绪更坏，拉着创意部几个同事喝酒发泄。有一个是我很好的朋友，叫浩瀚，像哥哥一样无话不谈，他特别沉稳，懂道理，分析问题像心理专家，又帅又风趣，所以什么话都愿意跟他说。一起骂 Team leader，聊得兴起，勾肩搭背。

我不知道有个多事的朋友发了信息给他，说我在哪里哪里，心情不好。也不知道他一直站在外面看我，隔着烤肉店的玻璃，看我手舞足蹈。

浩瀚先发现他，说："呀！你男朋友怎么在外面？"

我惊慌地跑出去，那天特别冷，他的鼻头冻得通红，而我多喝了几杯，脸也通红。

他很生气，却微微一笑。

我问："你怎么来啦？"

他不说话。

我说："进去一起吃饭吧。"

他说："不了。"

转身走了两步，他又回头说："进去干吗呢？反正你对着我永远无话可说。"

我慌乱地解释："那个是我最好的朋友。"

他静静地看着我问："为什么我不能是你最好的朋友？"

这句话我记在心里很多年，每每想起来，特别难受，跟那天站在饭店门口一样难受，很多年后才明白，这种难过叫作无力感。

知道应该伸手，也知道伸出手什么都抓不住。

所以我们分手，谁也不找谁。

梦里常回到开始的时候,在未名湖畔等他,见面有说不完的话,那时候我们跟所有相爱的人一样,喜怒哀乐都不隐藏,每一件小事都可以分享。那些琐碎的细枝末节的交流,像时间长河里的斑驳光点,一开始星光灿烂,最后无比黯淡。

话题被时间偷走,交流的欲望被时间偷走,倾诉的快感被时间偷走,相对无言的耐心也被时间偷走……时间就这点可恨,不知道出了什么问题,然而无论怎么努力,就是回不到当初。

我消沉了很长一段时间,以泪洗面,但是咬着牙不打电话。

终于有一天半夜,手机在写字台上猛振,有种预感是他,连滚带爬去接。接通之后,沉默长达一分钟。最后他说:"最近好吗?我就是想和你说说话。"一瞬间泪水决堤,依然无话可说。

他是我们县城的理科状元,北大毕业,他妈一直不同意我们在一起,嫌我不够优秀,又说我单亲家庭性格孤僻……我绷着一根弦,天天对自己说,要努力啊!放下电话的那一刻,恍然大悟,有些事情再努力都没用。

完了就是完了。

妈妈留在上海照顾了我三个月,我把自己搞得更忙,起得比鸡早,睡得比狗晚。凌晨回家,妈妈永远在等我,默默地端茶倒水,热饭热汤。

我和颜悦色的时候她会问:"真的不能和好了吗?"

无名火总会瞬间点燃,我要么甩脸子回房间睡觉,要么怒气冲冲发一顿牢骚。

最常说的一句:"你知道什么啊?!"还有一句:"别烦了行吗?!"

有一次,我轻手轻脚进门,发现她坐在台式电脑前睡着了,老花镜挂在脸上。屏幕闪烁，妈妈在看我的博客，那些文字颓废又绝望。还有一次，我被噩梦吓醒，口干舌燥，摇醒熟睡的妈妈说："妈妈我渴。"

妈妈问："要喝水吗？"

我说："冰箱里有罐头吧，我想吃罐头。"

妈妈一骨碌爬起来，去厨房弄罐头，找不到起子就用菜刀撬。

罐头没弄开，手背切开一块肉，菜刀"哐当"一声掉在地上。

我冲进厨房，妈妈的手血肉模糊……我哭着陪妈妈去看急诊，路上一直揽着她肩膀。

妈妈摸摸我的脸说："别难过，以后会越来越好。"

我泪如泉涌。

妈妈说："你这么努力，以后会越来越好。"

妈妈又说："还会有人对你好的，你以后会很幸福。"

周末，大姨来上海看妈妈，妈妈特别兴奋，缠着大姨聊天，聊一夜，说她在上海的生活，她这三个月无事可干，看电视剧快看吐了，她出门买东西，不认识路，上海话听不懂，遭遇白眼与冷遇，说她担心我继父，店里生意忙，怕他一个人照顾不过来，说她也特别想我妹妹，担心她的学习，但是因为要陪我，只能辜负一边……我才知道妈妈在上海这三个月，比坐牢还难受。

我以为忙起来时间过得比较快，却忽略了妈妈度日如年。

大姨说："她又不用你陪，你在这里干吗？起不到作用自己还难受。"

我妈说："我就想和她说说话。"

有一类人，小时候把心里话写进日记，长大后把心里话打进电

你这么努力，以后会越来越好。

脑，对着屏幕倾诉，对陌生人倾诉，对朋友倾诉，唯独不对亲人和爱人倾诉。

我是这一类人，

但爱是无话可说吗？

我不这么想。

事实上，我多么渴望有个无话不谈的人。我们睁开眼睛有话说，闭上眼睛有话说，吃饭时有话说，看电影时有话说，接吻时有话说，打架时有话说，高兴时有话说，受伤时有话说。最好，连梦里都有话说。

所以，那些曾经想和我说说话的人，对不起，谢谢你。

爱是和你在一起，说许多许多话。

这是我现在的想法。

好像已经晚了，又好像并不晚。

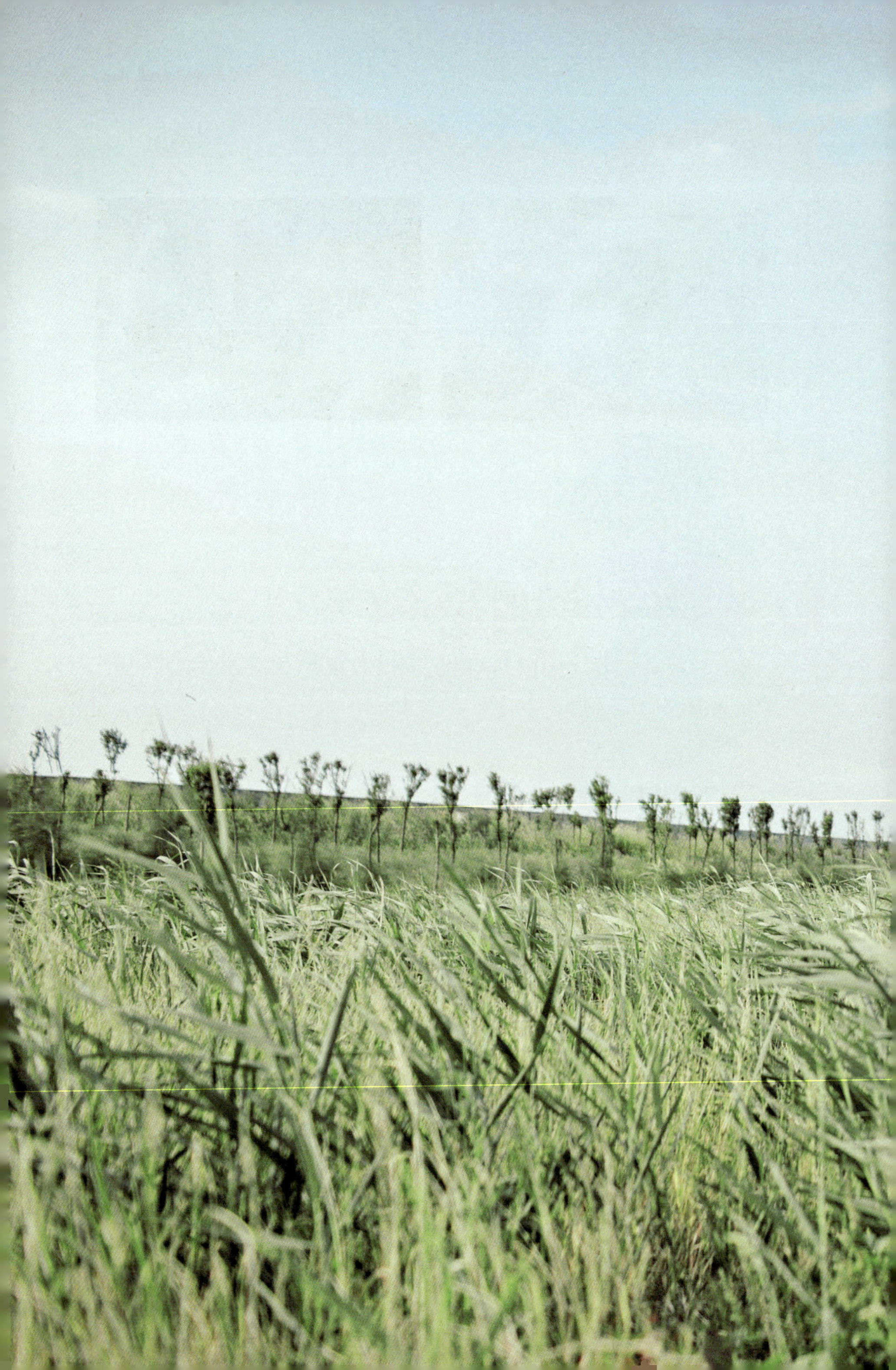

Chapter 3

你不是迷茫，
你是自制力不强

我相信任何时候的努力都不算晚。
而且凡是奋斗过的，
必然留下痕迹。

他们，
只是看上去不努力

文 | 文艺女青年专治各种不服

你看似很努力，很上进，也只是看似而已。

念初中的时候，班级里有一个男同学，他上课的时候会号召大家一起溜号、闲扯、调皮捣蛋、跟老师抬杠。自习课上看课外书，桌子上的笔是用来转来转去的，下课会第一时间冲出去踢球，积极参加学校组织的各类活动，你几乎看不到他在学习，可奇怪的是，他每次考试成绩都是学年榜单前几名，无数花痴苦读的少女为他的聪明竟折腰。

传统的学霸，应该是听话的书呆子。可他号称自己从不熬夜苦读，每天一副玩世不恭的样子。我呢，看似很用功，上课认真听讲，配合老师举手回答，同桌上课回来非塞给我一根台湾烤肠逼我吃，我只能趁着老师在黑板写字的工夫偷偷咬一口，然后小心脏扑通扑通充满了罪恶感。下课还偶尔跟同桌一起背几个单词，自习课上从不扰乱课堂，把MP3的耳机线从袖口拽出来，跟同桌一人一只，小心翼翼地塞进耳朵里，再用长头发盖上，假装很认真地低头写字，其实是在抄歌词，那已

你不是迷茫，你是自制力不强

经觉得自己很叛逆了。我也会读课外书，不是那种漫画跟武侠、言情小说，不是故意展示给别人看我要跟枯燥的教育斗争，晚上很少会在十点以前睡。一盘一盘地买磁带，听午夜各个波段的电台节目，我的电台情怀就是从那个时候培养起来的，磨磨蹭蹭地把老师布置的作业完成，可像我这样看似一个乖巧刻苦学习的好孩子，除了作文，数学成绩却不尽如人意。

有一次他把英语老师惹急了，我们英语老师向来心直口快，她指着那位男同学说："别看他一天天不学习，扰乱课堂，他是不让你们也跟着学，然后晚上回家偷着学，你们一个个才真傻，上当受骗，你知道我跟他妈妈聊天，他妈妈告诉我，他回家话很少，吃完饭就开始学习，经常到凌晨才睡，练习册做完一本又一本，做过无数套的真题试卷，这些你们知道吗？"

班级里异常安静，我偷偷瞄了他一眼，他脸上带着一抹奇怪的笑容，似无所谓，似尴尬，他想极力地掩饰自己的情绪，手却在抠桌子下面。其实，有一次我无意间翻到他的练习册时，除了学校统一布置的外，还有很多从"海淀密卷"到"北京四环"的模拟习题，统统写满了答案，我就猜到了，他不是一个只聪明不努力的人，那些写满了答案的练习册，不会说谎。

只是我想，如果他能更好地利用白天时间，那么成绩应该不止于此吧？

大学的时候，系里边经常有逃课小分队，他们总是上课的时候抢占最后一排，趴在桌子上睡觉或者读课外书，老师点名后就消失，可是他们之中就有人得奖学金，有的人科科不挂。那是考试前黑暗的一周，我看到他们天没亮就去图书馆占座，晚上闭馆才回来，而我们还因为去吃烤肉还是火锅而争论不休。是凌晨还不灭的一盏盏小台灯，是走廊里背题时踱来踱去细碎的步子，而我们跟日常的作息并没有什么分别。他们的努力跟平日里留给大家的印象相比，真的很容易被忽略、遗忘。最后的结果反而是，他们经常逃课，从不学习，天天不务正业，成绩好还能得奖学金，这不公平！

你身边可能还有这样的同事，他经常上下班迟到早退，别人低头忙碌时，他总是睡觉打游戏聊天不务正业，可是业绩却很好，领导很赏识

人家只是表面上不努力，看上去吊儿郎当，
只不过是没有在你面前努力而已。

你不是迷茫，你是自制力不强

他，各个方面都能处理得井井有条，升职加薪样样落不下。而你拖着累个半死的身子，仰天长啸，这不公平！

真的只是不公平吗？

到底有多少个日日夜夜苦读加班的日子你看得到吗？人家只是表面上不努力，看上去吊儿郎当，只不过是没有在你面前努力而已。而你，却认真了。

你看似很努力，很上进，也只是看似而已。我们承认有些人天生比我们聪明，可机会是留给聪明且上进的人。那些明星嚼碎了牙齿，在无数个失眠的夜里痛哭过，却在访谈中潇洒地说，当初很幸运，考才艺的时候，只是跳了一段类似郑多燕健身操的舞，就被中戏录取了。陪朋友去试戏，结果朋友没被录取，自己被导演看上了，从此一帆风顺走到今天。刘德华最初跑组的时候还给曾志伟剪过头呢，多少帅哥磨破了无数双鞋，低三下四地给导演送照片跟简历，多少美女为了女N号而委曲求全。可是他们不会告诉你，这个过程到底有多艰辛，这一行当到底有多黑暗，就像那些写成功学案例的书是不会告诉你，我其实是怎样努力的。

你看王思聪整天不务正业的样子，印象里就是个富二代、花花公子，偶尔蹚蹚娱乐圈的浑水，时不时地做个段子手。不过是人家在做正事的时候没在你面前显摆，没让你知道而已，别以为只是人家命好，够幸运，可上天再怎么眷顾你，等到来的时候你得接得住。拿别人的弱势比自己的优势，永远只能自欺欺人地在背后心酸地笑。王思聪的父亲王健林曾开玩笑说："给儿子5亿上当20次，干不好就回万达上班。"网友们纷纷开涮王思聪，王思聪说："5亿已被骗完，下次请早。"直至去年，王健林才首度回应说王思聪的投资"有点小进展"。其实,钱没被骗。

自作聪明地以为看到人生活的全部,你妈逼你结婚时,你找借口说,你看那谁谁那么优秀不也单着吗?着什么急啊!然后继续在玩的路上狂奔,突然有一天,你看那个从不秀恩爱、不在人前提爱不爱的人,却在朋友圈晒出了结婚照,你目瞪口呆。当你谈一场恋爱又一场恋爱跟玩一样,嘲笑隔壁的姑娘没有男人,在某个周末的清晨被鞭炮声震醒,推开门,看到那个姑娘穿着一袭洁白的婚纱向新郎走去。你奇怪,他们都是什么时候谈的恋爱?一直以为早已经远远地把他们落在了起跑线的后面,可是猜到了开始,却没猜到结局。

太自以为是,这就是聪明反被聪明误。世界那么大,高手在民间。你以为只有你最聪明,可其他人,其实并没有你想象中的傻。

你所有的问题
都只是因为懒

文 | 正经婶儿

懒并不可怕，可怕的是懒得理直气壮。

用旧的一款手袋，扔掉了可惜。那天在屋里读书读得有点闷，便找出来，拿湿毛巾稍微擦一擦，拿到室外认认真真拍了几张照片，前面、后面、内里、口袋、手柄、划痕、序列号，一一拍个清清楚楚。

选出九张最满意的大图，挂在二手网站上。

为了方便买家了解它，我在宝贝详情里面写得尽可能详细：2011年买的，正常使用痕迹，内里干净无污渍，五金轻微氧化，无背带，序列号见图八，有锁有钥匙……

婆婆妈妈写了三百字，编辑好之后还觉得不够完美，撤掉一张背面照，加上了一张我背着的样子。

发上去两天，八百个人浏览，十五个人私信，八个人问的同样诡异的问题——

有背带吗？

有锁吗?

我有点忘了当时有没有把问题说清楚,翻回去看一看,这些我都写了的。

不过既然把东西挂上去就是想尽快出手。我挨个回复说:没有背带,背带是另外一款;有锁,图片上可以看出。

为什么写了宝贝介绍他们还会孜孜不倦地问重复的问题?我思考了一下,觉得是我前面铺垫得太多,他们没有耐心看到最后,所以没有找到答案。于是我把买家比较关心的问题放在最前面说:2011年买的,无背带有锁有钥匙,可以刻字……

挂上去一天,有人问我说:有背带吗?有锁吗?

我彻底服了。

有句话说得不错,当你在某件事情上没有花费一个小时的时间去处理的时候,便没有发问的资格。

我相信他们一点也不笨,只是因为懒;而且他们的懒也是有选择的,领导给安排个什么事情,也是麻溜儿地干完,丝毫不拖泥带水,整个人都透着机灵劲儿。但是要是铁了心想犯懒,谁也拦不住,并且指望着别人把现成的答案送到他们眼前,是他们人生一乐也。

从小我姥姥就教育我要乐于分享,幼儿园里热腾腾的蜂蜜鸡蛋糕,我和小伙伴掰开揉碎一人一口那么吃。分享是我一直认可的一种品质,但是关键是有些提问没头脑,太气人。有句话说得不错,当你在某件事情上没有花费一个小时的时间去处理的时候,便没有发问的资格。

可是这一点,懒人永远不懂。

平时写的文章不仅发在微信公众号里面，也会发在各大平台上面，让更多的人阅读、提意见。像我这种叫作原创作者，除了我之外，还有很多人是做文摘号，他们把别人的文章拿去放在自己的平台上，因为不是原创，所以需要找原作者授权。

我是个没有网瘾的人，要授权的信息零零碎碎铺散在各大平台，时常来不及处理。有时候即便是回复了，要了授权的人也不一定按照你的格式转载。

当我认识到这一点之后更不较真了。每次发文章在我的文章底部写上一句转载须知，并且注明只要是符合转载要求的就视为有效授权。

但是每天信箱里面还是塞满了类似求授权的私信。

点开一看，让人气结："可以把你的某某文章发到我的公众号上吗？会注明作者和出处的。"

我说了要加简介和原文链接的。

所以我怀疑他们漫天找人要授权，同样的话用 Ctrl+V 复制一百遍就好。

还有一种更省事的："可以授权我的公众号连载你的文章吗？"

打声招呼就想一次要走所有的授权啊，别做梦了，我也挺忙的。

其实我每篇文章底部都写了转载要求，主页底部栏也有专门链接，为了更方便，回复转载也会自动跳出转载须知，有心人只要把文章拉到底部，只要看过主页，只要肯回复"转载"二字，就会得到他们想要的东西。

可是偏偏有懒人上来就懒洋洋问一句：可不可以转载？这样的懒人，总让我怀疑人生。

懒并不可怕，可怕的是懒得理直气壮。

但于我也有责任,因为这说明了我的时间不值钱啊。

之前在电台上班的时候,香港著名作家、监制蔡澜来北京做活动。活动上午九点开始,之前跟蔡澜敲定了时间,早上八点安排台里主持人对他进行一个大概半小时的采访,跟老先生敲定了,他也欣然答应。

早上八点,我们全部到达会场,主持人却迟迟未到。主任上前去跟蔡澜先生解释情况,说路上有点堵车。老先生提前五分钟已经落座,轻品香茗,一言不发。听到主任的解释,微微颔首应允。

八点二十,女主持人姗姗来迟,我们一看,脸蛋儿卡粉,眼线歪歪扭扭,睫毛膏刷得像是苍蝇腿儿,香水喷得太多,简直要呛死个人。女主持人把钥匙和包"哗啦"往沙发上一扔,扯过同事递给她的采访稿,直奔蔡澜就开始采访——那是知道她事先没准备,负责这个的同事现场给她攒的。

女主持人瞥了一眼纸片:"您身体很好,鹤发童颜,请问您保持青春的秘诀是什么?"

"七个字,抽烟、喝酒、不运动。"

女主持人觉得有点尖锐,指望蔡先生展开说几句,发现蔡先生没有那个意思,只好念下一个问题。

"您身兼数职,既是香港邵氏、嘉禾等东南亚最大制片厂的电影监制、主持人,香江三大名嘴之一,还是周游世界的美食专栏作家,请问您真正想做的是什么?"

"我只想做一个人。"

她感觉有点招架不住,静了一会儿,又问:"那您至今仍未实现的理想职业是什么?"

"开青楼。"

女主持惊魂未定地退下，本来安排了半个小时的采访时间，十分钟就草草结束。

明显这是一次握着一手好牌却被自己打烂的采访，主任硬着头皮上前去问蔡先生："可不可以给我们节目录一个片头？"

当真，被断然拒绝。

其实这件事情也简单，既然提前一个星期已经知道要采访蔡澜，找几期节目来看，到书店买几本蔡澜的书，可以了解他的为人和风格。蔡澜说那几句话，看起来古怪，其实在他的书中早就说过好几遍，但凡是提前做一点功课，也不会将这次采访搞得一塌糊涂。

这个世界上，所有人都面对着同样的信息，如果你想要了解一个人，去买他的书，搜索他的采访和讲座，从百度上了解他的生平，"知乎"上"大神"也很多。

然而在获得同样的信息的情况下，有些人就连最简单的事情，也要别人告诉他，帮他准备好，美其名曰自己很忙。

当有些人做"伸手党"做得心安理得的时候，有些人早就麻溜儿地搜集了大量资料，一路小跑地跑到前面去了。

马家辉是我特别喜欢的香港作家。他在香港出生，台湾大学心理系毕业，后来在《明报》担任副总编辑，一直坚持专栏写作。

马家辉还有一件很牛的事情，他十九岁的时候在书店看了李敖的书，特别崇拜李敖，立志要在二十一岁写一本关于李敖的书。为此高考的时候他放弃了浸会大学，考入台湾大学，成为李敖的莫逆之交。

他比李敖小三十岁，李敖对他说："胡适曾对我说，你比胡适更了解胡适。但是我跟你说，你马家辉比李敖更了解李敖。"

不肯下一点功夫，永远不会明白自己从何而来，又将立足何处。

所以你百分之九十九的问题，都是因为懒。

懒得去准备采访稿，反正是好是坏照发工资；懒得去读宝贝介绍，反正你不卖给我别人也会搭理我；懒得去做梦，反正也不一定能实现；懒得去思考未来，反正"缘分"这两个字可以解释一切。懒得保养，懒得运动，懒得上进……最享受的状态就是平时不上课，期末考的时候张张嘴有学霸的笔记可以复印，最享受的就是窝在沙发吃薯片，吃到碎片掉一地，然后进广告的时候思考如何伸出双手就可以丰衣足食。

我不会告诉你，这个世界上永远是有些人在摸着石头，而有些人已经过河了。

我不会告诉你，人生所有的失败和痛苦，都是咎由自取。

不肯下一点功夫，永远不会明白自己从何而来，
又将要立足何处。

为什么道理我都懂，却始终做不到？

文 | 陆小墨

> 我们听过无数的道理，却仍旧过不好这一生。
> ——韩寒《后会无期》

最近我发现了一个有趣的现象，给我写信的大多数人都是女孩，以至于我每次需要给她们起别名时都需要用上"某某小姐"这样的称谓，很少出现"某某先生"。

如你所见，这还是一个女孩的故事。

我在这里想称呼她为珍珠，因为在我眼里，她就像是一颗还孕育在蚌腹中的珍珠。现在是微小而又细密的囊质，终有一天，会蜕变为光彩夺目的珍珠。

珍珠和我们许多人一样，存活在这个世间，遇到下雨天的时候，没有一把大伞庇护。

所以，这一路，她都只能靠自己努力地奔跑。

高考结束后，她没能考上理想的大学，因为害怕复读，去了另外一所大学。那时她还怀揣梦想，选择了一个在大众眼里算是冷门的专业，但自己却很希望能够学好这门专业为社会做出贡献。

大一那年，珍珠看了很多专业书，认真学习相关的知识，也参加了一些兴趣类的社团，进了学生会的某个部门。期末考试时因为好好复习，考了还不错的成绩。

但因为身边室友的抱怨，加上慢慢了解到社会对这个冷门专业的忽视，她开始怀疑起自己原本抱有很大期望的专业。

她不知道自己该怎么做。转专业吗？可是也不知道自己应该转什么专业，她不知道自己对什么感兴趣。

换句话说，她其实对一切都不了解。

因为对英语感兴趣，她报考了一个口语班，遇到了重塑她价值观的人生导师，她开始有了改变的愿望。每天早晨起来读英语，断断续续坚持了一个学期。

但那个学期她也开始做兼职，晚上跑步减肥。一个人的时间是有限的，当她开始把时间投入到其他事情上，学习上的时间就慢慢被压榨，最后只能在期末临时抱佛脚，虽然没有挂科，但再也没有最初的好成绩。

她变得越来越不喜欢现在的专业，而她也没有做好跨专业考研的准备，所以想着要不然考证吧。

于是，她想考一个英语翻译证书。

但兼职损耗了她太多的时间，她无数次想着自己应该好好练习英语，但每次都没能坚持下来。久而久之，原本有点起色的英语口语就这样被落下了。

她有好多好多的梦想，梦想着成为三毛一样的流浪作家，但觉得自己没有很坚实的经济基础，也没有很好的文笔。

她梦想着成为一个翻译，但坚持了一段时间的练习，最后还是放弃了。

她也希望自己有一个好的身材，但减肥无数次，断断续续地没有任何起色。

她肩负着未来照顾原生家庭和自己的责任，所以她很想通过自己的努力去成就些什么。

可是，为什么，为什么，为什么明明知道自己应该做什么，却始终做不到？

她知道自己应该好好准备期末考试，可时间一到，还是临时抱佛脚。她知道自己应该好好学英语，但还是坚持不下去。她知道自己应该好好规划自己的未来，定个长短期目标，但最后肯定执行不下去。

道理她都懂，可结果还是那么赤裸裸地残酷。

以至于，她开始讨厌起自己，那些软弱、懒散，还有拖延。

看到这里，我想很多人都和珍珠一样，有着同样的故事。我曾经也和她一样，有很多的想法，有很大的抱负，还有自己追求的目标，但最后四年过去了，也不知道自己到底干了些什么。

原因很简单，我什么都去尝试了，但并没有精通，所以在我脑海里这些东西都只是停留在浅层记忆，没有什么给我留下深刻的印象。

珍珠说，她希望我帮她分析一下，但更准确地说，她希望我能够拯救她。

看到这句话，我其实是有些震撼的。这种震撼完全不亚于大学时有个学长跟我说起他的梦想，是塑造出十个亿万富翁。

这个梦想虽然听起来有点荒诞不经，但当时的我完全相信他是可以做到的,就算十年后不能,二十年后不能,但他这辈子一定能做到。

因为他表现出来的自信和我所了解到他的个人能力,再加上我对他的敬佩感,直接秒杀了我那一闪而过的不可置信。

但回归到珍珠所说的,我现在必须承认,没有人能够拯救你,也没有人能够随意塑造出那么多的成功人士。你看连诸葛亮那么有才干的谋略家,都不能将阿斗培养成明君,可见要想拯救一个人,得有多难。

你只是因为太焦虑太心慌,所以才会希望这时候有人能够从天而降拯救你。但亲爱的,你一定要记住,千万要记住,无论何时都要记住:

没有人能拯救你,除了你自己。

你可以寻求帮助,但别人也只是给你建议而已,最后还是需要你自己做出决定。因为这是你的人生,别人都是旁观者,你才是主角。

我在大一的时候,和珍珠一样,遇到了专业的难题。当时病急乱投医,逮住一个人就问,你觉得我应该转专业吗?你觉得女生能当程序员吗?你觉得我有潜力学好这个专业吗?

身边人的说法各异,有说女孩子干这行很辛苦,也有说女孩相比男孩更没天赋。

结果一圈问下来,发现大家其实都不喜欢这个专业,特别是同寝室的女孩们,心里也都是觉得自己只能在这个行业里混口饭吃,要不然以后还是换其他文职类工作吧。

我当时在了解这种状况后,毅然打算转专业去学金融。也想过去新闻学院,但最后阴差阳错去了商学院。不过都算很喜欢,所以也没后悔。

但你看,一个人刚开始的喜欢往往是停留在表层的,你可能因为一部电视剧对光鲜亮丽的广告文案员感兴趣,也可能因为一个访谈对新闻传媒感兴趣，更可能因为股票市场对证券感兴趣。

所以，喜欢这个东西带有个人色彩，如果这个色彩比较浓厚，那你的主观能动性更强。

从大学专业这个问题来看，珍珠一开始是有主观能动性的，也付诸很多行动。但随着环境的影响，她自己的驱动力开始下降，自信心也出现动摇。

那么回归到问题本身，你应该学会给自己的专业打分，喜欢和讨厌的程度有多高（十分制）。

如果既不喜欢也不讨厌，那就先学好本专业。

我当初认识的一个朋友，他很喜欢摄影，平常经常会参加一些国际类的摄影大赛，但他的专业是生物技术。我没问过他喜不喜欢他的专业，但他还是认真上课，好好复习，最后期末每一门成绩都是九十分以上，拿过很多次奖。

他没毕业之前就已经拥有了自己的影楼，最后选择继续干摄影，在业界也小有名气了。

所以，在我看来，你能喜欢自己的专业固然很好，但如果你不喜欢，那也别讨厌它，把期末考试过了，其他的时间就花在你喜欢的事情上面。

如果仅仅因为别人说这个专业没前景，没"钱途"，那只能说你还不够热爱。

每个行业都有竞争者，每个行业也都有成功者。虽然说潮流和趋势很重要，但更重要的是你能否比别人更加坚定不移地走下去。

既然不热爱了，那就去寻找你热爱的，并动用一切方式去实现它。

既然不热爱了，那就去寻找你热爱的，
并动用一切方式去实现它。

    珍珠其实对英语很感兴趣，但她却把大量时间花费在并没有针对性的兼职上面，这样一方面削减了她本身对英语的兴趣，另一方面她还会对自己的经济状况产生不满。

    兼职固然能够带来经济来源，但这个市场那么多的兼职，你完全可以找和英语有关的，比方说做英语家教，网站英文翻译，还可以参加国际展会当翻译。

    我们往往会有一个自我误区，我们需要学好了才能去用，如果我现在能力还不够，我觉得我还得继续学。

    但你不做，永远检验不出你的学习成果，只有在做的过程中不断学习，才会真正变成你的东西。

    除此之外，还有一样东西在阻碍你行动的步伐。那就是，我们想要的太多，渴求的太多，到最后，发现自己什么也没有做好。

试想一下，一个人一天工作的时间能有多少？

在企业是八个小时，对学生来说可以最多十二个小时，如果把时间分为三个板块，那每天最多只能集中做三件事。

超出这三件，其他的你只能放弃，如果想要得再多，那只会让自己越来越疲倦。疲倦感会影响工作效率，从而影响最后的结果。而结果影响你的自信心，最终会让你对所有的一切都失去兴趣。

这就是恶性循环的开始。

我也出现过类似的情况，不断给自己揽很多的事，让自己很忙碌，让自己不停歇。但往往到后来，反而不喜欢一开始自己坚持的东西了。

后来，我不断学会给自己做减法。

告诉自己，我不是全才，我不能兼顾所有的事情，都让它变得很完美。我只能做好一件事，等我做好这件事后，我再去兼顾其他的事。我不能想要很多，我需要学会舍弃。

这也是我很想对珍珠小姐说的话：

学会舍弃，学会抓住问题的中心点，处理好中心点的事情后，再去考虑其他的事情。

当你放低自己的姿态，并看清本质时，你会发现，自己的能力其实很强。

你要不断提醒自己，只有去实践，道理才算真的懂。

我始终相信，未来的你，一定比现在出色！

你不是迷茫，你是自制力不强

文 | 卡西姑娘

自制力宛若受到控制的火焰，正是它造就了天才。

——罗伊·L. 史密斯

你有没有过这种情况：

打开今天决定要看的书，看了两页，拍张照片，发了个朋友圈打卡，然后等待着点赞评论，再抽个时间回复评论，等待与渴望被关注的时间一点一点过去，直到该洗漱睡觉了，你才发现，那本书一直停留在第二页上。

想学英语，看看时间还早，看会儿电视剧吧；这部电视剧怎么拍的，情节都对不上啊，太无聊了，还是玩会儿游戏吧；游戏玩得差不多了，一看时间，半夜十二点了；算了，还是明天再学吧，反正也不差这一天。

减肥中呢，却总是管不住自己的嘴，看到这家店要去尝一尝，看到那个好吃要买回来吃一吃，还不断地安慰自己，减肥不差这一顿。

于是，我们给自己找到了很多的借口，什么拖延症啊，"懒癌"晚期啊，人生得意须尽欢啊，五花八门，各式各样，这些借口也都说得过去，还附带着勇于自嘲的幽默感。

然后呢？

然后，我们一边说着"唉，我也想改变啊，我好迷茫无助，我好惆怅无奈，我也不想这样的，我想做得更好但就是找不到方向"。

再然后，我们仍然在原地踏步的位置，止步不前。

你有没有透过这些表象去看看自己的内在？

你为什么做不到？

因为你连最起码的自制力都没有。

自制力是什么？

自制力，就是一个人控制自己思想感情和举止的能力。

昨晚有个姑娘给我留言，说她控制不住自己，每隔几分钟就要刷一下朋友圈，她知道自己这样不对，也想改变，想努力学习，但就是做不到。

当你想改变的时候，是因为你本身已经意识到这种行为给你带来了不良的影响，而你为什么没有改变成功？

我们每个人都会遇到这样的问题，能否做好的关键在于是否拥有强大的自制力。

频繁地刷朋友圈，是你的自制力没有达到与你想要的东西抗衡的地步，所以你一再放任自己一遍又一遍地刷，仿佛只有这样才能找到你的存在感和充实感。

什么迷茫不知道路在何方，都是自制力不能发挥其作用时，我们给自己找的借口。

你不是迷茫，你是自制力不强

你是学生，就要努力学习，考出好成绩；你是员工，就得全力以赴，做出好业绩。迷茫不过是懒惰的出口，你没有坚持过就说自己没办法，那是对自己的贬低。

所以你要强制性地让自己改变，把用在朋友圈的注意力转移到自己有兴趣的事情上，然后循序渐进，再去学习自己专业方面的知识。

自制力太差是一种什么样的体验？

我上个周末用了一整天的时间来收拾屋子。

理论上，就算大扫除也用不了一整天；而实际上，我确实花了一整天的时间，浪费在了做家务这件并没有让我获得快乐的事情上。

先收拾卧室，把床单被罩都换下来，换着换着觉得房间好安静，还是有点声音的好，打开电脑音响，原来播放列表里的歌都听腻了，于是又到曲库里搜索，一首一首地试听，半个多小时过去了，终于找到几首差不多的，才想起来还要干活。该收拾玩具了，该洗的放到盆子里，其他的归置到相应的箱子里，咦，好久没玩这副象棋了，练练手吧，叫上秦先生杀一盘，输了，转身看到玩具仍然是散落一地。

卧室终于捯饬得差不多了，转战客厅，有点无聊，一边看电视一边收拾吧。《琅琊榜》看过了，《芈月传》不想看，《国土安全》得盯着字幕才能看懂，不适合此时，推理费脑子的也不行，因为擦桌子、拖地不能时刻对着电脑，情节跟不上不过瘾……找了将近一个小时，最后确认看《笑傲江湖》。

想看看冰箱里有什么需要处理的，结果被酸奶吸引了，拿出两杯来喝掉，再找找还有什么吃的，也吃掉……

当我洗完衣服彻底解脱的时候，天都已经黑了。

其实，我本来可以两个小时就完成的事情，我用了一天外加吃午饭的时间。

我完全可以先做完家务，再吃点东西，再看看有什么感兴趣的事情，或者看看书或者研究研究象棋。而不是一会儿做这一会儿做那，家务没做好，我在其中也玩得并不痛快。

因为自制力不强，总是被这些外在的事情所吸引，分散了注意力，从而放任自己去为那些琐事分神劳力，不能专注地去完成我们想做的事，导致了时间的浪费，精力的消耗。

我们应该如何提高自己的自制力呢？

首先你要找到你有兴趣的事情，俗话说兴趣是最好的老师，兴趣所在，便是动力所在，这有助于集中注意力的培养。

其次，要找到一个你想前进的方向和目标，毫无章法的规划有可能会把你带到偏离的轨道上，所以你要想明白你想在哪方面有所发展和深造，选对了方向，事半功倍。

再者，你要强制性让自己去坚持，比如你要报考MBA，那你每天就要拿出一个小时或者更多的时间来练习听力、口语、笔试试题，每天无论多么困，多么冷，多么不愿意起床，你都要坚持把这部分练习完。

这坚持的过程，就是你自制力不断增强的过程。

一个人的文化素养、生活涵养跟他的自制力是息息相关的，我见过很多优秀的人，他们不怎么刷朋友圈，他们宽容大度，不为小事斤斤计较，很能够控制自己对他人的脾气和度量，因为他们深知，小事和冲动不会给他们带来任何有益之处，还有更重要的事情要做。

文化素养，从另一个方面来说，它代表了我们内心的层次，层次越高，人生观和价值观更为高尚，他能够看到常人所不能理解的那一面，并坚持自我完善和控制。

提高知识和素养，与提高自制力，相辅相成。

罗伊·L. 史密斯说过："自制力宛若受到控制的火焰，正是它造就了天才。"

如果你想有所成就，就放下那些迷茫的借口，培养好你的自制力，你终将收获你想要的。

Do it now！

什么迷茫不知道路在何方，都是自制力不能发挥其作用时，我们给自己找的借口。

最怕是一生庸碌无为，还聊以自慰平淡是真

文 | 蔡昂之

过不好这一生不是你的错，但不努力过好这一生，是悲哀。

看过了太多风华正茂的人，因为不辞日夜地工作而英年早逝。所以也听过身边的人侃侃而谈，比起烟花刹那的美丽，还是宁肯安静又平凡地亮成一盏灯。

常常听父辈说，不求金山银山，但求一生平安。话在理，但如何能做得到，在这物欲横流的世界，在那些光怪陆离的城市。

林森结婚后今年有了孩子，终于还是忙碌得像一条狗。白天上班不断线，到家继续听婆媳间的争吵和冷战，孩子嗷嗷待哺，奶粉钱还得靠拼命经营自己那家小店来凑。用他的话说，只有睡觉的时间是自己的。

终究他还是怀念起自己一个人单身的时候来了。闲时玩玩游戏，饿了就找朋友吃顿路边烧烤，撸串儿夜啤，自由自在。那会儿自己的店没有经营，女朋友也还没在，说起来他也是很享受那段时光的。

你不是迷茫，你是自制力不强

昨晚和他在微信里聊起来，说起这些年的改变，谈起人生的无常。我说，努力的人那么努力，如果真的就像书里说的那般黑色幽默，前三十年用身体换钱，后三十年用钱换身体该当如何？

他干笑两声说道，人都是会找借口的，对于自己不能完成或者可能完不成的事情，总希望找一个合适的理由搪塞自己，蒙骗别人。前两年我找了女朋友，开了店，今年有了孩子，经济也不好。某段时间我也觉得有了女朋友很束缚我的时间，开了店浪费我的精力，有了孩子简直是噩梦，或许我还没有准备好。可是起码，我拥有着。我不努力，这些可能统统都不会属于我。

听着他的话我感慨万千。我身边也有些朋友，过着平凡的生活，为着平淡的生计。我们大部分人或许都是这般平凡的，普普通通，谈不上富有，也算不得贫困。安好于现在的生活状态，且无欲他求。

但我最怕的是，这一生都庸碌无为，还要欺骗自己说平淡是真。我不能蒙昧自己说不羡慕显赫富贵的人，也不能欺骗自己说不想拥有万贯家财。

说不想成功的人，没几个吧。我们不是缺少精力财力、动力与勇气，我们只是害怕。害怕失败，害怕一蹶不振，害怕失去现在就拥有的。我是见过有些人的，他们也害怕，害怕的却是一旦成功之后，带来的巨大财富会让自己变得面目全非，幸福的烦恼在目标完成之前就已经时时而有了。

而我的朋友们，那些只求一生平淡且过的人儿。为着安逸的生活又未必能一直快乐吧。等到物价飞涨能够养活自己，却养不了随心所欲的心情；等到谈婚论嫁生儿育女之时，最好的给予也尚成问题；等到为父母欲医而无力以治，又何谈平淡呢？这是悲剧与悲哀，算不得什么好的人生观。

人都是需要努力的，朝着梦想，或者朝着能够靠近梦想的路行走。不要再说什么"平淡是真"了，这话留给别人去相信吧，你不努力不成功，没人拿你当根葱。

下次再听到"我只想安静又平淡地过一生"时，我不会点头称赞了。失败对于想成功的人来说只是可以舔舐的伤口，而对于不思进取的人来说，是无法逾越的险峰。

人最怕的是一生庸碌无为，还聊以自慰平淡是真。过不好这一生不是你的错，但不努力过好这一生，是悲哀。

你不会总能拿到一手好牌

文 | 文长长

世上真正厉害的不是你总能拿到一副好牌，
而是哪怕你拿到的是一副差牌，你也能够赢得大满贯。

1

昨天跟闺蜜聊天，聊着聊着她说了一句很伤感的话："我现在没一件事是好的啊，爱情、学业、前途，都是混乱的。"

然后，她开始一一地说，暗恋一个男生却迟迟等不到他的回应，对他的各种事敏感得不行，马上要毕业了，还不知道毕业后干吗，现在上课也不想听讲，晚上还会失眠，连自己的人生理想都不知道在哪里，觉得自己诸事不顺。

我说，慢慢努力，慢慢熬，一切总会变好的。

然后闺蜜说，其实我很羡慕你现在的状态，清楚地知道自己想要什么，一路走得也算顺利。

可是，我也有被分配到差牌的时候，只是我一直坚信着否极泰来，好事和坏事会不断交替出现的原则。

2

我最喜欢的一个故事是：塞翁失马。我很喜欢这个故事告诉我们的道理：塞翁失马，焉知非福？小学的时候，看了这个故事我的理解就是：这是一件坏事，但又不一定是一件坏事，因为在这件坏事的后面紧接着的就是我们喜欢的好事了。

这句我领会的话，从小学一直陪伴我到现在，至此我还是坚信这句话。

读高中那会，每次数学考得很差，难过十分钟之后，我总是自己安慰自己说：没事的，这是一件坏事，这次考差了，等我继续好好努力，下次我肯定能够考得很好的。

然后，我一边继续努力地学习数学，一边用这个理论继续安慰自己，不是自欺欺人式的安慰，而是一边努力一边鼓励自己。

很奇怪的是，这个理论对我很管用，我没有丧失对数学学习的信心，反倒更努力地学习，因为我一直抱着的信念就是下一次我的数学考试肯定会进步的，下一次我的排名会进步，一些事都会慢慢变好的。结果是我的数学成绩很不错，仅次于语文。

那时候的我，坚信坏事的后面肯定会跟着好事，也相信一件事太好了，也不要得意得太快，说不定这并不是好事。

高中的时候，在我语文老师的带领下，我开始给杂志社投稿，慢慢地一篇篇文章被选上了，我很开心地回家跟我爸爸说，你看我多厉害，那时我爸在我耳边说的是：你还是要以学习为重，快要高考了，别花费太多时间进去了。

当时被喜悦笼罩的我，并没有看到这一点，我一直以为我的进步带给我的只能是正面的东西，我也一直那样去做，可是因为平时花费太多时间在写文章上，我的成绩降的很厉害，当时我很难过。

后来，经历多了，想得也多了，才会发现一件好事，也不可能是纯粹的好事，就像老翁的儿子有了马，但是却给他们带来了磨难；反倒丢了马，却带来了好事。

任何事物，好坏都是相对的，我们所遇到的一些事，也是如此。

3

好事并非真的好，坏事也不是绝对坏。我们不需要因为一时的不顺觉得沮丧，也不用觉得一路走下来太顺心而忘形。

当然，我们也没必要因为这样反倒觉得，所有的好事都不是好事，然后失去快乐，去担心未知的坏事。我想说的是，顺利与不顺是人生的常态，不管处在什么阶段，都要去努力追求更好。

高中的时候，我被班上的两个女生孤立过，她们故意为难我，到处说我坏话。最开始，我很介意她们的不喜欢，心里想：为什么我的高中生活这么倒霉啊？为什么我不能像一般的同学那样单纯地学习？一副苦大仇深的样子。

后来，身体里自带励志体质的那个我出来了，她一遍遍地告诉我：这不是坏事，这是上天给我设置的磨难，我过去了就会变强，就会遇到好事，而在这一关卡我学到的东西，肯定是对我有好处的。

然后我就度过了这一关。至于那件我眼里不好的事，带给我的好事大概是，我学会了不去讨好别人，我学会了与自己相处，与自己和解。最重要的就是，那件"坏事"成了我人生中的一个重要经验，它既是我现在的一个写作素材，也教会了我怎么与人相处。

这里我所要说的坏事，它虽是一件坏事，但是我们仍然能够从里面学习到很多对我们有益的东西，而这些有益的东西以后将会帮助我们遇到更多的好事。

4

每个人都有那么一段很难熬的岁月，那时我们会在心里想："老天凭什么要给我的生活这么多的磨砺？我看起来比较好欺负吗？"前不久我也有过那么一段时间。

那段时间，我写的文章都是平平的，还一直被拒稿，放在网上也没有以前的热度高，也没有很多大V争相找我要转载授权。一篇两篇都是那样说实话那段时间我焦虑过，我怕自己失去了对文字的敏感度。

那段时间，我一直告诉自己要沉淀，要坚持写、坚持看书。后来有篇文章被思想聚焦转载了，有了一定的热度，但是也有很多骂声，还骂得很难听，那是我第一次面临被网友喷，心里没设防，也没有做好准备，哭得稀里哗啦，我哭着跟思想聚焦的吴老师发微信说：明明我没有做错什么，凭什么他们要骂我啊？我没有做任何伤害别人的事啊。

吴老师很耐心地开导我，举了各种例子安慰我，其实这没什么大不了的，不喜欢你的人有一些，但是喜欢你的人更多啊！最后吴老师说了一句话：其实换个角度想想，这也不是坏事，因为你文章写得好，让更多的人知道，才会有人因为嫉妒而喷你啊，一切都是因为你红啊！

最后，我被这句话逗笑了，你看吧！换个角度想，所有的坏事也是好事。

最近，我也深刻地感受到，只要你一直努力，坏事的后面就是惊喜。

就像闺蜜说的那种不顺，我也会有，有时候也会感慨感情怎么那么不顺，考试还有那么多没复习，怎么最近公号文章的浏览量又低了，为什么别人的粉丝那么多，我没有啊……很多时候，那些事都堆在一起，无形中的压力真的很大，让人很想痛哭一场。

但是这就是生活，从不会让你一帆风顺，让你一帆风顺的时候那也只是顺风的时候，可是天气会变化，风向也会变化。

觉得焦虑、麻烦的时候，就好好沉淀自己，好好想清楚自己到底要什么，不要忘记了要努力和坚持。事情多了，那就挑出来一件件地解决，先解决急且重要的，然后是其他的，千万不要因为焦虑而烦躁，把事情处理得一团糟，那样只会让你更加焦虑。

生活需要我们一次次地见招拆招，所以不顺真的是生活的常态，但那有什么关系呢？世上真正厉害的不是你总能拿到一副好牌，而是哪怕你拿到的是一副差牌，你也能够赢得大满贯。

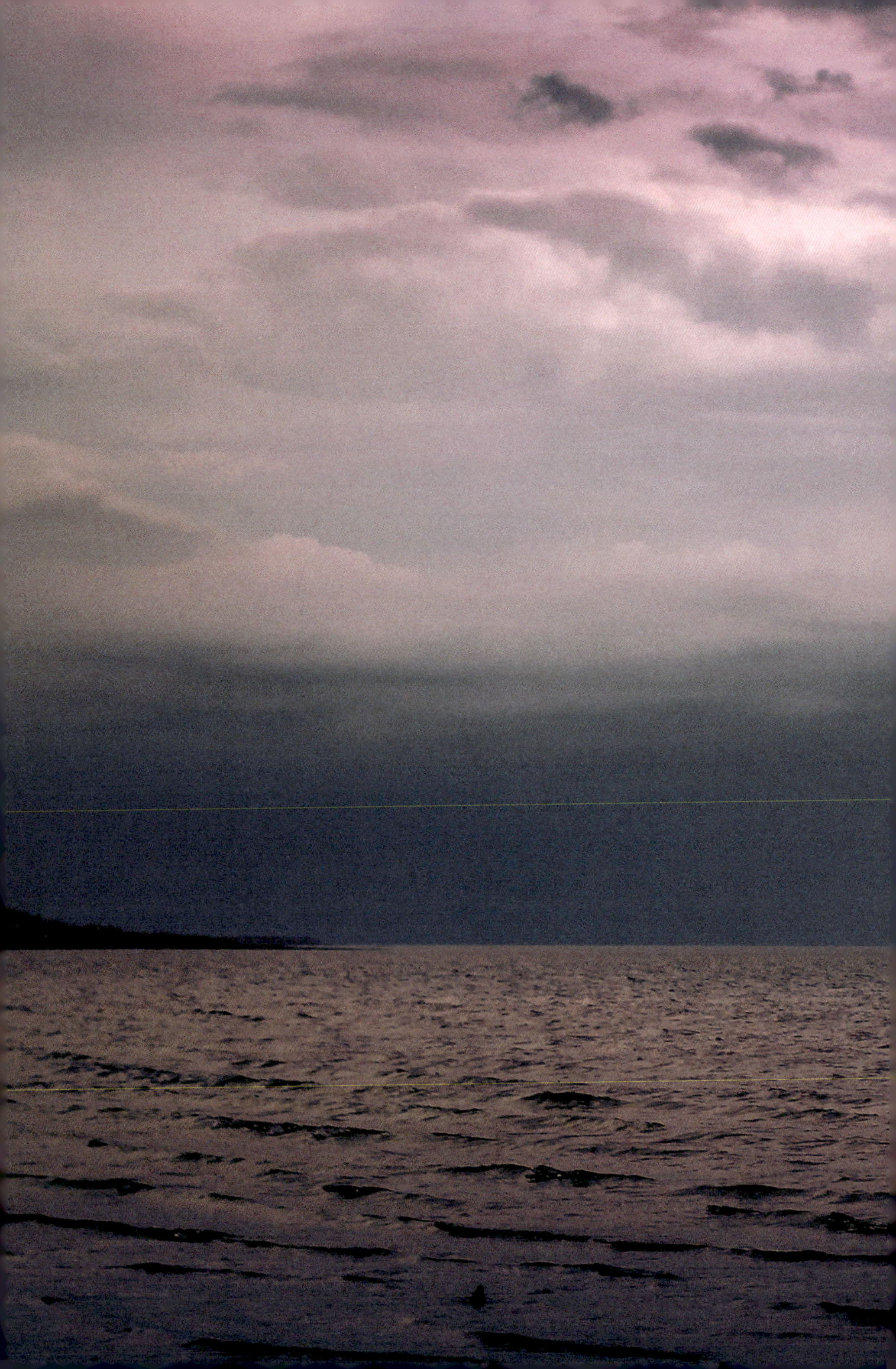

Chapter 4

因为没有指望，
你只能变得
更强大

别和孤独对着干，
孤独是用来享受的，
孤独往往意味着人生要掀开新的一页了。

世界上没有该结婚的年龄，只有该结婚的感情

文 | 小北

世上不仅没有该结婚的年龄，也没有注定该一辈子单身的人。
只有该结婚的爱情和该主动的爱情。

自从开播了新节目《解忧杂货铺》之后，我的微信公众号上就会经常收到一些听众发来的烦恼邮件。有很多观点相似、烦恼相近的。今天打开看见一位听友发来一封名字为"单身病症"的烦恼邮件。她在邮件中写道：我是一个大龄未婚女青年，行走在奔三的道路上。这么久以来没有谈过一场像样的恋爱，年轻的时候有过几段无疾而终的恋情，也暗恋过别人，也谈过异地恋。但这些同别人比起来，都是小儿科了。那种当初被视为美好的精神恋爱的想法，想必现在说起来别人都会嗤之以鼻。很多时候，我都不好意思同别人说起自己的恋爱经历，也很害怕同别人聊起情感话题。总觉得自己贫瘠的感情生活拿不出手。

现在家里人催着，身边的朋友盼着，自己也急着。想要谈一场好恋爱，找个靠谱儿的男人，许自己一个家。

但是很奇怪，我发现可能是年纪越大，身边交心的人越少，更不要

因为没有指望，你只能变得更强大

提单身优质的异性了。而我也越来越觉得自己内心很贫乏，越来越不会同别人聊天谈心。甚至有时候，我开始变得内向封闭起来。试图在这个社会里将自己隐藏起来，最好不被任何人找到。我知道这个想法很懦弱，也很幼稚，但是自己真的很困惑。经常看见身边的朋友晒生活，晒美食，晒情人，甚至是晒孩子。一种巨大的落差感与寂寞感向我不断地涌来，将我压得透不过气来。救救我吧！

看到这样的一封邮件，我很惊讶，面对她对我发出的求救声，我甚至有点不知所措。因为她经历的这些，在这个速食年代，绝对不止她一人。她将自己的这种心理归纳为"单身病症"。我不禁想，如果以后的单身男女，都有了这种心态，甚至在这种心态更加恶化的趋势下，"单身"是不是真的就成了一种病呢？

看过很多篇描写单身群体的文章，内容表达的大多都是让大家不要急，会有的，该来的一定会来，只有让自己变好才能遇到更好的人。其实，真的是这样吗？我看未必。

一个人如若本身都已经将自己否定掉了，把自己的内心封闭起来，逃避着这个喧嚣的世界，做一个爱情世界里的胆小鬼，他还怎么去遇见对的人呢？即使对的人出现在你面前，恐怕你也不会知道他就是对的人吧。

身边有个朋友，一九八二年生。不是奔三，而是奔四的人了。情感经历几乎为零。前几年还能主动地去认识接触一些异性，有这个想法去为自己打算。到了后来，几乎都是亲朋好友的各种介绍，安排一场又一场的相亲，从最开始的怀有一份希望而去，到最后带着一份疲惫而归。

最后演变成，勉强应付。过了三十，急，是肯定的。即使表面上还在按部就班地过着，但是她内心深处的那份焦躁与不安早已经泛滥了。但是，她表现出来的却是消极状态，社交圈子在缩小，兴趣爱好在削弱，语言能力在减退，她开始越来越宅。以前周末，还能约她出来吃个饭看场电影，现在她宁愿一个人窝在家中看小说，看韩剧。

当这种外在的压力和内心的忧虑不断加大的时候，加大到你一时半会儿找不到什么行之有效的方法解决的时候，人，往往选择的只有逃避。逃避，是一种短暂的自我麻醉。但久了之后，有副作用。它会让你养成习惯，习惯了这样一种自我封闭的状态，继而变得越来越认同自己所处的现状。抱着走一步算一步的态度，来对待生活，对待自己的感情。

中国有句俗语：混吃等死。听起来挺消极的，但是很多人乐于享受这种状态。因为他们习惯了。

一次失败并不可怕，可怕的是次次失败后，你逐渐丧失了斗志，然后安于现状。

不久之前，《花千骨》这部戏火了之后，爆出了剧中饰演东方彧卿的"国民暖男"张丹峰与老婆洪欣的姐弟恋故事。洪欣在一九九〇年加入香港娱乐圈，因为长相甜美当上了女主角，与后来的很多大牌明星有过合作剧。她也因此一夜爆红，爆红过后她与几位小生传出绯闻，之后嫁给了一个富商，过着相夫教子的生活。如若从此以后，平安喜乐也好。但是，往往事与愿违。与富商分道扬镳之后，一九九七年，她与香港演员莫少聪擦出爱情火花，并且未婚先孕，产下一子。但是，男方却偏偏扮起了陈世美，翻脸不认账。

情感事业均在当时受到巨大打击,那年的她,二十九岁,未满三十。假如她就此放弃,将自己放逐于世,封闭内心,不再过问世间纷扰,那么,有可能她会一辈子孤单一人。不再祈求美好的婚姻,甚至是美好的恋人。但是,她并没有。她没有做成演员有什么关系,她还能打工赚钱。事业没了,都能重新来过,为什么爱情不可以呢?

七年后,她遇见了张丹峰,成就了后来一段低调而美丽的爱情佳话。算下那个时候她多大,三十六岁。几乎半辈子过去了。但是,她从来都没有放弃过,寻找爱情。

她曾经在一次采访中说道:"我有想过,真的,想过自己可能真的就这样过了。带着一个没有父亲的孩子,找不到老公,嫁不出去。已经没有比这更坏的事情了,所以,自己就更加不能坏掉。不就是一个人过嘛,最重要的是我自己的心态一定要积极。"

是啊,你永远不知道自己会在什么年龄遇到什么样的人,人生有那么多的未知等着你去遇见,你何必将自己故步自封呢?真爱的面目有很多种,每个人都有属于自己的那一种。最重要的前提,是你要成为一个独立的人,拥有独立的个性与独立的心态。这样,无论怎样的困境,都能挺得过来。

曾经有篇文章的观点说:世上没有该结婚的年龄,只有该结婚的爱情。其实这个观点我很认同,世上不仅没有该结婚的年龄,也没有注定该一辈子单身的人。只有该结婚的爱情和该主动的爱情。

我身边有不少朋友,好几年都没有谈过恋爱了,一直单身着,包括我自己。虽然嘴上总是说:哎呀,赶紧给我物色一个男朋友啊。再不谈恋爱就成大龄剩女了。其实,内心都明白,这种事情是急不来的,更加不愿轻易将就。这也是很多人嘴上说要，等真介绍了，又开始找各种理由拒绝的原因。

但是我们绝不是因为自己单身，就将自己封闭起来，甚至不堪外界各种压力而去勉强自己。我们依旧每天过着自己的生活，努力让自己变得独立且有魅力。一个内心丰足的人，是永远都不会感觉寂寞的。当然孤单常有，但是绝不会害怕任何生活中抑或是爱情中的艰难险阻，往往这样的心态，才会让你有足够的能力去追求未知的远方和幸福。

相反，你之所以会觉得寂寞，恰恰就是因为你害怕，你自卑，你内心不够强大。单身的日子有那么可怕吗？我朋友之中，有人在自己单身期间，走遍了全国各地，尝遍美食，拍遍世间所有美好瞬间。有人在单身期间，在健身房挥汗如雨，让自己朝着心目中女神的样子逐渐逼近。有人在单身期间，努力挖掘出了很多热爱的事物，利用闲暇的时间去尝试。虽然，单身少了两个人在一起的很多甜蜜，互助，交流，分享。但是也多了一个人的坚强，思考，独立，自信。

我单身四年了，在这四年里，我做了很多事情。一个人跑了很多城市，做了自己的电台，出版了自己的作品，创办了自己的工作室，交了很多志同道合的朋友。吃饭的时候，有人约。逛街的时候，有人陪。买东西的时候，有钱花。所以，我并未觉得自己一个人就有多么卑微，也没有在面对他们秀尽恩爱的时候，觉得自己有多么可怜。

因为没有指望，你只能变得更强大

单身少了两个人在一起的很多甜蜜，互助，交流，分享。
但是也多了一个人的坚强，思考，独立，自信。

怎样亲自谋杀爱情

文 | 袁小球

合适的爱情应该是两个人一起变好，
而不是我迁就你，你也迁就自己。

杀死爱情，有两种方式："监狱"与"滑稽戏"。

波兹曼在《娱乐至死》中说，有两种方法可以让文化精神枯萎，一种是奥威尔式的——成为一个监狱；另一种是赫胥黎式的——让文化成为一场滑稽戏。奥威尔担心我们憎恨的东西会毁掉我们，而赫胥黎担心的是，我们将毁于我们热爱的东西。

虽然《娱乐至死》这本书讲的是大众文化，但是我非常喜欢波兹曼所提出的两个比喻："监狱"与"滑稽戏"。"监狱"与"滑稽戏"是波兹曼对奥威尔的《一九八四》和赫胥黎的《美妙的新世界》两本书最形象的概括，是两种完全不同的生存状态，甚至是相互对立的。这两个比喻其实反映在我们生活的各个方面，不仅仅只是文化与媒介。

"监狱"这个比喻很好理解。小时候，父母不让我们出去玩这是一种禁锢；上学后，老师不让我们谈恋爱这是一种禁锢；工作后，领导无

因为没有指望，你只能变得更强大

数次否决掉我们的创意这是一种禁锢；恋爱后，恋人不让自己和异性朋友交往这是一种禁锢。人生而自由，却无往不在枷锁之中。我们的肉体也许是自由的，但我们的精神其实一直都不曾获得真正的自由。你也许会为了丰厚的薪资而放弃自己真正想从事的工作，你也许会为了少奋斗五十年而嫁给自己或许不那么深爱的一个人。生而为人，其实就是活在别人禁锢自己、自己也禁锢自己的世界中。这些并不羞耻，因为我们总要努力地活下去。不是每一个青蛙都是生下来就在井底的，很多时候，他选择跳下去，不是因为外面的世界不好，而是因为外面的世界也许有天敌。

让爱情成为监狱，以我不离不弃的名义，禁锢彼此。在狭窄的精神空间里，经营着一份不成熟的感情。隔绝亲人，隔绝朋友，隔绝除了你和我之外的所有人。就像孙悟空每次离开前，都会给唐僧在地上画一个圈。圈里的世界很小，没关系，因为安全；圈外的世界很大，不能去，因为危险。我禁锢你是为了你好，这是第一种杀死爱情的方法中最常用的借口。

"滑稽戏"这个比喻似乎比"监狱"稍稍抽象了那么一点。但我们似乎都知道一个略微相似的词语，叫作"捧杀"。"捧杀"出自《风俗通》："长吏马肥，观者快之，乘者喜其言，驰驱不已，至于死。"五四运动中蔡元培先生在辞职启示中引用了这个典故："吾倦矣，杀君马者道旁儿。"意思就是说杀你的马的人就是旁边那些给你的马鼓掌的人，夸之者就是害之者。或许就是因为过分偏执的爱，使我们更容易毁于我们所热爱的人和事物。

让爱情成为滑稽戏，以纸上爱情的名义，放纵彼此。我给你很大很大的世界，大到你用一生也看不完。我们是独立的个体，有独立的思想，只要我们灵魂契合，又何必在乎身体的忠贞？我给你钱，给你溺爱，给你自由。纵然弱水三千，我饮了无数瓢，但我总是最爱属于你的那一瓢。纵容是比禁锢更高级的爱，这是第二种杀死爱情的方法中最常用的借口。

地球上有六十亿的人口，假设暂时是两两配对，那就是三十亿份爱情。三十亿份爱情啊，估计月老和丘比特合作，即使搓红绳搓断了月老的手指，放箭撑坏了丘比特的手臂，他们也是忙活不过来的吧。托尔斯泰在《安娜·卡列尼娜》中写过："幸福的人都是相似的，不幸的人各有各的不幸。"其实爱情里所谓的不幸，种类也没有那么多，无非也就是这两种，要么是一直不幸，要么是从幸福到不幸。

上学的时候，哪个姑娘书包里、课桌里、被窝里没藏过几本"霸道总裁爱上我"的小说？课堂无聊，深夜寂寞，我们一遍一遍地回味着总裁们没事徒手砸个玻璃的爱好，拿支票当纸片撕的习惯，以及只喜欢智商平均线以下的姑娘的审美……就好像哪天自己也会变成小说里的女主角，做个傻白甜，拐个高富帅，从此迈上人生巅峰。但是，当你长大后，你仔细回想总裁小说里塑造的那些男主角，他们放在生活中真的就是最佳男友吗？未必吧。

活在小说里的总裁们都特别霸道，三天两头地宣布一下：某个池塘被我承包了，你也被我承包了。面对如此抖S的总裁们，女主角们似乎天生就都是抖M。被亲一下，萌生好感。被抱一下，念念不忘。被推到一下，估计就演变成了真爱。偶尔和某个男性朋友说句话，就要承担霸道总裁浓烈的怒火，最后还会觉得甜蜜，美其名曰这就是爱。

活在小说里的总裁们还有着举世无双的好脾气：只要你不是让我吃

醋，随便你做什么我都不会生气。在公司里随意让总裁出丑，没关系，总裁觉得你活泼；在家里肆意地打砸抢烧，没关系，总裁觉得你真性情；即使是在见总裁家人的时候拍案而起，也没关系，因为总裁就喜欢看你生气的样子。每每看到这里，都好想说，哪里有这样的男朋友，请给我来一打。总裁们似乎都很闲，闲到女主角换各种花样作死才能让他们有存在感。

这么分析下去，似乎霸道总裁们听起来也很不错啊。这种摘月亮摘星星的真爱怎么就不是最佳男友了呢？可是，故事永远只是故事。故事没有写完，不代表不会发生。融合了制造监狱和量产滑稽戏技能的总裁们的种种举动只会产生一种结果——女主角独立人格的丧失。独立人格的丧失体现在她不再有时间和精力去实现人生的自我价值，以及因为过分溺爱所产生的优质性格沦丧。你也许会觉得有些夸张，但现实生活中这样的例子比比皆是。

我们也许都知道小孩子不能溺爱，但实际上，恋人也同样不能无条件地溺爱。纵然我们都明白，爱一个人确实是希望把全世界最好的一切都给他，但是，理智是什么时候都不能缺失的。太浓烈的爱非常容易迷惑两个人的眼睛，一方无条件地付出，一方无底线地放纵，只会让爱变成廉价的商品。当最起码的珍惜之心也失去的时候，爱也就快走到了尽头。

姑娘问："你为什么对我这么好？"

对方答："因为我就是要惯着你，直到所有人都受不了你的脾气，你就永远属于我了。"

这是很多情侣在生活中经常发生的对话。有些人觉得很甜，有些人觉得很腻。无论你是哪种，我希望真的就只是听听就好，最好左耳进右耳出，不要把恋爱中的甜言蜜语当作自己未来的行为准则，从此真的不再收敛自己。撒泼，吵闹，任性，吃醋，你以为自己是在表现爱，其实不过是在作死；你以为爱你的人真的会容忍你一生，可是现实中，大家都活得很累，谁也安慰不了谁。当你合拢了自己的翅膀，不再依靠自己飞翔的时候，结局只有两个，要么一起坠落，要么扔下你自己飞翔。现实是残酷的，我们都没有那么伟大。

杀死爱情的两种方法，我觉得"滑稽戏"是比"监狱"更可怕的。无论禁锢的是精神还是肉体，至少我们还能保留初心。但若是一味地放纵，只会让人彻底地迷失自我。当有一天，你发现你毁于热爱，这种打击本身就是不可估量的。合适的爱情应该是两个人一起变好，而不是我迁就你，你也迁就自己。**如果在一段感情中，你忽然发现自己竟然变得比从前更幼稚、更懒惰、更偏激、更堕落，那么请赶快清醒，这并不是合适的爱情，对方也并不是合适的爱人。**

无法察觉谎言就无法获得真正的自由，而这世间最大的谎言莫过于：

无论你变成什么样子，我都爱你。

这句话大概只有对人民币说的时候，我才相信是真的。

无法察觉谎言就无法获得真正的自由，
而这世间最大的谎言莫过于：
无论你变成什么样子，我都爱你。

社交软件能解决寂寞，
但未必能解决孤独

文 | 宋小君

> 孤独的人往往能创造一个世界，
> 哪怕很小，但它仍旧是一个世界。

2013年，我一个人回到我念大学的城市，大巴车到站的时候，已经到了晚上。

我找到一个公交站，3年前，这个公交站的17路汽车，可以直接回到我们学校。学校里，有一个可爱的小女朋友每次都会在大门口等我。索取一个熊抱之后，我们会一起去食堂煮两碗泡面。

三年后，我自己站在公交站，看着那座城市里特有的低矮的云，还有滚滚车流里每一辆都有目的地的汽车，心里泛起了难以言说的感觉，名字叫作"孤独"。

2010年，我大学毕业，只身一人去上海，蜗居在离公司十五分钟的小合租房里。每天步行上下班。

和相恋多年的女朋友分手之后，每到周五晚上我都心情不好，周五晚上下班就意味着，我没有工作可做，要一个人度过难捱的两天。为了 kill time，我几乎一个人逛遍了上海所有的书店，甚至办了一张市立图书馆的借书卡。传说中在图书馆遇上漂亮姑娘的艳遇并没有光临，反而是让我从此害怕上一个人吃晚饭。

很长一段时间，一个人吃晚饭绝对是我的心理阴影，尤其是冬天，我坐在兰料馆，哦，也就是兰州拉面，看着匆匆忙忙下班赶回家的人们，由衷地感到了孤独。我那时候给孤独的定义，大概就是，大冬天，一个人连续一个月吃一份15块的土豆牛肉盖浇面。

晚上，回到合租屋。

我的房间靠近马路，噪声特别大，我躺在床上，透过玻璃往外看，好像街上的每个人都比我快乐。

那时候，豆瓣的关注有67个人，大多数都是朋友，写了文章也没人看，就算我发豆邮去勾搭别的姑娘，人家也不会理我啊。

公司里，姑娘不多，也不好对同事下手。当时，我苦恼地问我的主管吴叔，我们天天上下班，圈子就这么小，怎么能认识新姑娘呢？吴叔说，那你得自己想办法。

我就问自己，为什么，为什么在我青春年少的日子这么孤独，想找个人说话都没有，更别说泡妞了。

再也不能这样活，我对自己说。

然后，我真的想到了一个办法。要知道人被逼急了，什么事都干得出来。

我在上海同城的豆瓣小组，发了一个帖子，大概意思就是，让城市里寂寞的灵魂相聚吧。没想到，应者云集，建立起QQ群的时候，加了一百多个人。我当即就组织了线下活动，再一次应者云集，其中不乏漂亮的上海本地姑娘，卖爬行宠物的小富二代，来上海工作不到三个月的少女。

　　那是我大学之后，第一次去夜店，第一次去舞池里跳舞。要知道，我其实骨子里不是表演型人格，所以大多数时候还是很腼腆的。但是为了杀死孤独，我还是拼了。我们一帮人，玩到凌晨，又换了场地玩杀人游戏，一直玩到天亮，没能逃脱城市里大多数人消磨时间的方法。

　　一个月后，我组织的群里，有三对开始谈恋爱了，但没我什么事。虽然我造福了大众，但还是苦了自己。每个周末都花掉两三百块，很快我的钱包就开始抗议，而我也慢慢失去了兴趣。单纯地刷夜好像并不能减少我内心深处的孤独感，反而让我觉得更加孤独。我不再去夜店，也不再出现在聚会上。

　　我想，我需要一个出口，一个柔软的出口。

　　我开始写作，在豆瓣上，陆续开始写文章，关注者慢慢多了起来，我找到了某种适合我的存在感。

　　那一年，我每天加班到晚上十点以后，回到家就开始写作，去图书馆查资料，写出了我的第二本书《纳兰容若的诗词与情爱》。后来，我朋友说，这本书治愈了失恋的他。其实，这本书出版的时候，我内心的孤独感并没有减少太多，但至少我开始有事情可以做，并且是我自以为有意义的事情。后来，我搬了家，和三个女孩一起合租，写完了《一男三女合租记》，我才觉得自己真正地从深不见底的孤独里抽身出来了。

我对孤独的理解，似乎更丰富了一些。实际上，每个人都是孤独的。人活在这个世界上，最终要学会的，还是和自己相处的能力。每个人心里都藏着秘密，但却不是每个人都会被理解。社交软件能解决寂寞，但未必能解决孤独。这大概就是为什么，人们总是觉得孤独。

多年以后，我常常收到豆邮、私信问我，孤独的时候该怎么办。其实我并不能提供具体的解决方案，我只能把我自己的真实经历分享出来，我也努力总结了一些和孤独相处的方法，写在这里，也许在你感到孤独的时候，有点作用。

第一，人人都应该有一个爱好。除了爱情，唯一能让时间加速的，大概就是爱好了。有爱好的人，对世界充满好奇，对周围的人和事也宽容。

我的一个朋友，女孩，多年独居，每天早上都会早起给自己做花样不同的早饭，如此坚持三年，早饭的花样多到上了杂志。我问她，一个人吃，干吗那么费劲。她说，每个人都应该善待自己，重点不是吃，而是有一件事情做。去年，她交了男朋友，这个习惯延续了下来，吃早饭的变成了两个人，早饭的花样更多。

第二，心里有人惦记着，手上有事情可以做。心里有人惦记，这个人也许是一段早已经逝去的往事，也许是一个期待已久但却仍未到来的人。心里有人惦记，就会对这个世界温柔，就不会亏待自己。男人会注意自己的仪表，姑娘会记得化妆。手上有事情可做，入世一点，好好工作能挣到钱。出世一点，有一项事业能乐以忘忧，事业能给人带来不同的魅力。

第三，别和孤独对着干，孤独是用来享受的。孤独往往意味着人生要掀开新的一页了。我写作之初，从未想过能靠写作挣钱，写作大概是我唯一擅长的事情。我热恋的时候写，失恋的时候写，孤独来袭的时候，拼命写。古人说，国家不幸诗家幸，赋到沧桑句便工。我开始不理解，后来我理解了，孤独的人往往能创造出一个世界，哪怕很小，但它仍旧是一个世界。

想起里尔克那首诗，也许是关于孤独最好的解释——
谁这时没有房屋
就不必建筑
谁这时孤独
就永远孤独
就醒着
读着
写着长信
在林荫道上来回不安地游荡
看着落叶纷飞

2013年，那个我回到大学城市的晚上，我在小旅馆里，看着漫天的星辰，回忆着过去，享受着孤独，我心里很平静。
我没有杀死孤独，我和孤独和解了。

因为没有指望，你只能变得更强大

因为没有指望，
你只能变得更强大

文 | 文艺女青年专治各种不服

没有依靠，没有指望，必须要一个人面对所有问题。

拿着户口本去补办身份证，工作人员说，你的户口之前迁出过，所以必须回出生地的派出所开户籍证明，盖章，再找分局局长签字才行。再多问一句，她就有点不耐烦了。

其实我也很烦，这已经是跑第二次户籍科，排了一个多小时的队，浪费了一上午时间，结果还是没办成。跟朋友吐槽，他劝我说，你烦也没用啊！赶紧想办法！

烦躁的确没用，吃过饭，我先是给省公安厅打电话，我说明了一下我的情况，工作人员告诉我，由于你的户口迁出过，所以你现在显示的是消除人口状态，你需要给当地户籍科打个电话，让他们给你重新上报一下，然后就可以办身份证了。我问她，用开户籍证明吗？她说，不用。

我又给出生地的户籍科打电话，工作人员帮我上报，告诉我周四查询一下即可。但是户籍证明还是要开的,这是当地的手续。

最后,我打电话跟我妈说明了情况,把户口快递回去,让她帮我开户籍证明,当然为了办事效率,还托了关系。

朋友夸我说,你真的跟一般女孩子不一样,办事能力跟效率都强。

我苦涩地笑,那是因为没有指望,所以只能让自己变得强大。

单位的打印机卡纸,我动动手就修好了。其实很简单,关掉电源,把墨拿出来,把卡进去的纸拽出来就行。可是好多小姑娘抱着复印文件两手一摊,嚷嚷着打印机用不了,等人来修。有时候柜门掉了,我换了新合页,拧上去,好了。笔记本蓝屏开不了机,百度教程,好了。我学会了设置路由器,修改密码,防蹭网,限制别人网速……

我身边的女生朋友都抱我大腿,满心崇拜地问我,你怎么什么都会?你怎么什么都能搞定?你要是个男生,我就嫁给你了。

我说,我没有习惯求人帮忙,凡是自己能够做到的,我不好意思麻烦别人。尤其是自己不愿意做的事情,却要别人浪费时间替你去完成,这不厚道。

朋友说,其实这也很正常啊,女孩子遇到了难事,习惯性地依赖父母、男朋友,他们很爱你,应该很愿意为你做事啊,不要什么都自己扛着。

是啊,可是随着年纪的增长,父母一点点地老了,反应变得迟钝,记忆力减退,他们开始依靠你,所以你不再是一个孩子,而是可以给他们依靠的成年人。你的爱人也有自己的事情,你要做的不是把一切难题都推给他,自己两手一摊,坐享其成,而是站在一起,把他的苦恼揽过来,一起分担,这样的感情才能长久。在这个快节奏的社会里,在外打拼的男人压力本就很大,倘若还要大事小情地为你操心,帮你处理,你

因为没有指望,你只能变得更强大

没有自己的想法跟能力，不愿意去创造跟劳动，只是想一味地依附别人，还期望自己在家有地位，被别人尊重吗？

我认识一个女神，从小自带光环，名校毕业后进了电视台，整天在社交网站上抱怨工作辛苦，有诸多的不容易。后来在相亲节目上认识了她老公，两个人闪婚，立刻辞掉了工作。住进了别墅，生了个儿子，做起了全职太太，偶尔开着跑车接送孩子。就这样，她低调地在我们的视线里消失了三年，就在我们快遗忘她的时候，她突然出现在各个社交网站上，做起了淘宝店，卖起了外贸尾单，也就是俗称高仿的衣服。她晒孩子，秀自拍，唯独不见丈夫，还有人质疑她是单身母亲。后来听说，她婚后的生活并不美满，没有经济独立，每花一笔钱都需要老公的批准，看公婆的脸色。于是，她开始健身，买各种护肤品、化妆品，一个人去进货，拍图，上架，打包寄走，经常忙到后半夜。谁也没想到，曾经娇滴滴的女神，竟然开始变成了女超人。

有人说，能拧开瓶盖，能自己拿得动包包，可以自己换灯泡，能够独自修马桶，天黑不用送自己就能回家，可以自己把超市买回来的米油面拎回来的都是女汉子。你适应社会的能力越强，会的本事越多，越是独立越是操心命，做女人就该学着弱一点，男人喜欢被依赖。当然，谁都知道这个道理，哪个女人想成为金刚芭比？即使是女强人，也是被这个社会逼出来。也想找一个比自己更强的人，赖在他怀里。

人人都羡慕一生下来就泡在蜜罐里的人，他们是上天的宠儿，不管做什么都有人安排好，不管做错什么都有人帮着善后，不用操心，没体会过绝望。可是假如有一天，这种生活意外地结束了，到了社会上，跟大家一样地去打拼、去奋斗、去靠自己的时候，吃得消吗？还能应付得过来吗？

有这么一家子人，一个哥哥，一个姐姐，还有两个弟弟。姐姐特别能张罗事，开了一个药店，二弟退伍回找工作时，她怕外面辛苦，于是让他帮着看管药店，就这么养活着二弟一家人。二弟变得懒惰，离了婚，房子给了媳妇跟儿子，自己无家可归，寄住在姐姐家，还要看姐夫的脸色，没有工作能力，整天游手好闲，开始酗酒。

三弟遇到难事就推给他姐，五十多岁的人了，人既笨又懒，好在有一个好媳妇，家里家外都是媳妇张罗，也有一份好工作，没什么技术含量，却是铁饭碗，衣食无忧。

姐姐疼爱弟弟，可是却宠溺过了头，遇到事都自己来扛，他们都指望着她，所以什么事也不用多想，不用操心，慢慢地在这个社会上立足的能力就退化了。

相反地，当你背井离乡，一个人在陌生的城市里打拼，想要立足，没有依靠，没有指望，必须要一个人面对所有问题，解决问题的，你不得不逼迫自己去尝试，去竭尽全力。 转身之后，你明白了，这就是立足之本。

没指望的时候会很绝望，会羡慕别人，也会抱怨自己的处境，可是当你有一天，靠着自己的双脚走了出来，当你依仗着自己的双手得到了你想要的，那时，你便有足够的底气对这个世界说，我自己行，我什么都不怕。

当你有一天，靠着自己的双脚走了出来，当你依仗着自己的双手得到了你想要的，那时，你便有足够的底气对这个世界说，我自己行，我什么都不怕。

不哭，
因为我们长大了

文 | 烟波人长安

悲伤的时候，反而哭不出来。兴奋的时候，反而笑不出声。明明有很多话想说，见到你的一刹那，反而说不出口。

1

和一个朋友在一家小破馆子吃饭，朋友两杯啤酒下肚，人一下变得口无遮拦，指着我说："你写的那些故事啊，有问题。"

我正吃得高兴，所以我很虚心地等着他往下说：

"你故事里的人，一个个连哭都不会。"朋友接着说，"动不动分手啊、失恋啊，看着和没事儿人一样，多伤心的经历，怎么能不哭呢？"

"是不是不会写？"他又说。

我想了想。"这顿饭谁请？"我问。

"我请！"朋友说。

"嗯，我是不会写。"我说。

不会写就学着点儿！朋友很激动，嚎啕大哭，会吧？涕泪滂沱，认识吧？还有什么，哭得上气不接下气，哭得不省人事，哭得说不出话，眼泪"啪嗒啪嗒"往下掉,转眼就打湿了胸口……

他右手掰着左手手指头,一个一个给我数。

我看他数完了左手数右手,咋咋呼呼要脱鞋,忽然间很想笑。

"你知道吗?"我打断他,说,"有时候人不是不想哭,而是那个瞬间,怎么都哭不出来。"

朋友抬起眼睛,看鬼一样看着我。

"……给你说个故事吧。"我又说。

2

还没到秋天那会儿,包子来找我,说他周末要和袁月自驾去一趟香山,邀我作陪。

你们一对情侣秀恩爱,拉着我干什么?!大周末的去什么香山!在家睡觉不好吗?

包子说不好,他一定得去。

"我知道那儿有一家餐厅,特别好吃。"他神神秘秘地说,"一般人找不到。"

……所以呢?我看上去就那么没出息吗?

啊,我是挺没出息的。

于是那个周六,早晨九点,包子开车,袁月坐副驾,一路奔赴香山。

我?我倚在后座上,还没太睡醒。

"包子啊,"我迷迷糊糊问,"没事儿为什么要去香山?"

包子握着方向盘,随口说,去看红叶。

哦。我点点头,准备再睡一觉,忽然一激灵,整个人都跳起来。

我说,八月还没完呢,看的哪门子红叶?

袁月在前头笑得前仰后合。

"我们第一次出去玩儿,去的就是香山。"笑完了,她认真地说,"到现在,正好两年。"

我努力理解了几分钟。"所以你们是去过纪念日的?"我问。

包子没回答,默默点点头。

"……我能下车吗?"我问。

包子一只手离开方向盘,"啪嗒"给我这一侧的车门解锁。"这是四环,你随便。"他说。

我偷偷把车锁按了回去。

我们到的时候十点刚过,香山已经人山人海。也不知道这些人周末不好好睡觉,为什么要到这种地方来体验生活。包子停了车,轻车熟路地拉着袁月往山上走。我没有手可以拉,买了个棉花糖,一路走一路舔。路过的人都睁大眼睛看我。

……看什么看啊,大老爷们儿就不能吃棉花糖了?

包子和袁月丝毫没有等我的意思,俩人一边沿着石阶爬山,一边给对方回忆他们第一次来的时候发生的事情。我在后头听着,一会儿听包子说他那天特别紧张,想拉袁月的手又不敢,最后袁月主动把手递到他手里,一会儿听袁月说其实她也特别紧张,但走一段路的时候太害怕,顺手就拉住了包子。

得了吧，天底下就你们俩最纯情。

包子走了一会儿，突然离开大路，跑到旁边一棵树前，对袁月说："月月，你看这棵树，我记得你的包就挂在上头了，半天才解下来。"

我差点儿从山上摔下去。大哥，这山上这么多树，你怎么知道就是这棵啊？！

不会记错的，包子后退一步，说："这树上有一个刻痕，我记得特别清楚。"

袁月站着没动。"那时候你记性还很好。"她笑着说。

包子没说话。他摸了摸那棵树，没头没脑地说："我当时手抖，怎么都解不开，你一直和我说，别着急，慢慢来。"

袁月想想，还是在笑。"我很久没说过这种话了。"她说。

……我怎么觉得气氛不太对。

包子转身，拉起袁月的手。"不说这个了，"他说，"走吧。"

袁月很听话地跟着他继续往上爬。我忘了爬了多久，棉花糖吃完了，我也快走不动了，感觉小腿正打算和膝盖分家。而那两位精神头还是很足，一直在聊天。

走到离山顶很近的地方，转个弯，我膝盖一软，一段长长的阶梯横在前头，看得我很想哭。

"咱们能休息一会儿吗？"我问。

没人理我。包子在阶梯前站了许久，忽然说："上次我们也是在这里停下的。"

"嗯，"袁月说，"我说我走不动了，你把我背上去的。"

包子看看前头,突然一弯腰,双手往后伸,膝盖微微弯曲。

"再背一次吧。"他说。

袁月轻轻笑了。"我现在胖啦,你背不动了。"她说。

"我自己可以走。"她又说。

包子愣了一会儿,自己慢慢站直。"那我们跑上去。"他说。

话音未落,这浑蛋撒腿就往上跑。袁月一愣,紧跑两步跟上去,一路都能听见她的笑声。我还没反应过来,他们已经冲出去好几米。

……我怎么办啊?!

十分钟后,我气喘吁吁地追上他们。包子和袁月站在靠近山顶的一块平台上,两个人倚着栏杆,都不说话。

从这个角度看出去,远处绿茵连绵、渐次回落,再往外,露出城市的轮廓,高楼林立。

袁月看了一会儿,开口说:"包子,我走啦。"

包子点头。"我送你吧。"他说。

袁月摇头:"不用了,我坐公交车回去,到家告诉你。"

包子张张嘴,好像要说什么,最后也没说下去。

"好。"他说。

袁月转身,冲我摆摆手,一个人沿着来路,慢慢往山下走。

等等,这是什么剧情啊?说走就走了?

我想喊包子追上她,但我看看包子倚在栏杆上的背影,又看看袁月,一下子明白了什么。

3

我陪着包子在山上待了很久。包子一开始没说话,后来说了很多。

这时候我才知道,他和袁月已经分开了。原因?好像有,又好像没有,很多矛盾,热恋的时候都不是问题,在一起时间长了,才发现日子过得越来越不顺遂,他觉得她吹毛求疵,她觉得他不再用心,随之是争吵、执拗,最后再想挽回,已经谁都没有了耐心。

两个人都努力过,但于事无补。

"你说,我们是不合适吗?"包子问我。

"不合适,就不会在一起吧。"我说。

包子眨眨眼。"刚才我往这儿一站,突然一下觉得,之前我们吵架、冷战,是因为什么呢?"他说,"没有一个理由是重要的啊,没有一个理由,比得过两个人好好在一起啊。为什么这么简单的事情,我一直都没有想明白?"

"为什么到现在,又明白了?"他又问。

我没回答,也不需要我回答。

"我记得前两天,看到你写了一句话。"包子一字一句地说,"你说不怕世界末日,就怕不在一起。"

"嗯,我是这么写过。"我说。

包子深吸一口气。"要是早点儿看到,就好了。"他说。

我不知道怎么安慰他。

天快黑了,我又陪着他下山。包子很沉默,一直没说话,表情看上去也不像刚分手的。路过一个小摊,他居然还有心情买了两根烤肠。

我很想问他，他说的那个好吃的餐厅，还能不能去吃了，但是我没敢。

结果一天里，我就吃了一个棉花糖和一根烤肠。

……饿死老子了！

包子连那根烤肠都没吃。他就这么举着它去找车、开车门、插钥匙、发动，我在后座等他开车，十分钟过去，没有动静。

我刚想问他怎么不开车，就看到那根烤肠，从他手里掉了出来。

"哎你不吃也别糟蹋——"话刚出口，被我憋在嘴里。

包子的手在打颤，整个人抖得厉害。"我第一次告诉袁月，我喜欢她，就是在这里。"他说，"那时候我们还没有车，我穷得很，可我们从来不会吵架。"

"那么难的时候我们都过来了，为什么后来却变成了这样？"他喃喃道。

我想伸手过去拍拍他肩膀，包子突然双手死死攥住方向盘，一头撞在喇叭上，吓了我一跳。车子"嗡"一声传出刺耳的呼啸，接着又一声，然后是另一声。

我没有阻拦包子。他喊了些什么，额头一下一下撞击方向盘，车喇叭的声音一直传出去很远，漫无边际，直到它戛然而止。

这时我才听清包子的话，他在说，"为什么我才明白？"

4

"完了？"朋友问。

"你还想听？"我说，"后来我替包子把车开回去的，停车的时候把他车后盖给刮了……这厮还埋怨我，你想啊，我拿了驾照才多久……"

朋友瞪着我，半晌才说："其实是你没看到吧？他肯定哭了。"

我摇摇头。"以后你就知道了，"我说，"人最伤心的时候，其实是哭不出来的。"

朋友将信将疑，我也没有接着解释。

其实很好解释。

悲伤的时候，反而哭不出来；兴奋的时候，反而笑不出声。明明有很多话想说，见到你的一刹那，反而说不出口。

灌满一泳池的水，再滴一滴进去，几乎听不到响动。

感情也是一样。有太多的感情要表达，最后，却不知道该怎么开始。

于是悄无声息，于是风平浪静，于是轻描淡写。

可是，明明是伤心的。

有太多的感情要表达，最后，却不知道该怎么开始。

因为没有指望，你只能变得更强大

真的想，日子再忙也有人一起吃早餐

文 | 修行的猫

有时候幸福真的很简单，
就是日子再忙，也有人可以陪你一起吃早餐。

冬天的早晨，灰蒙蒙的街边，行色匆匆的人群，卖烤红薯的老大爷小心翼翼地抽拉着铁皮箱，煎饼果子阿姨迅速地磕着一个鸡蛋打在薄面上，木驾车旁的大姐低头往蒸笼上放着包子，身旁的大哥笑呵呵地把塑料杯里装满豆浆……

时间过得真快，又到了冬季，我的生日就在冬季。

记得两年前生日时，约了朋友们一起吃火锅。

那天是我第一次见惠子的男朋友刘亭。

刘亭瘦瘦高高的，干净的短发，带着黑色边框眼镜。初次见面，他话不多，但一直在给惠子夹菜，为朋友们倒饮料，倒是体贴礼貌。

惠子是一个坚强独立的女汉子，在一家互联网公司做业务经理，工作强度大，晚上经常加班，周末时间也常常被客户项目的各种活动所占据。

早就听说，她有一个好了八年的男朋友，不过这些年两个人各忙各的。一直不在一个城市。

她没时间运动，没时间逛街，没时间看电影，更没时间约会。

我们总是打趣她，说："你真的是嫁给了工作，干脆在办公室放个简易床，住公司得了。"

惠子报考了驾校，报了一年，连科目一都没考过。真的不是她的智商有问题，是她实在抽不出时间，报了半年后好不容易约上了考试，她早晨起了大早打车去考场路上，被总监的一个电话给逼回去参加客户会议。

惠子神一样地工作着，我感觉她真忙，不是在开会，就是在开会的路上，日理万机。

那次，见到刘亭后，我长长舒了口气，还真是有识货的人，早早地把惠子这妖精给收了。

听惠子讲，刘亭这次是回C城工作，他俩准备在C城买个房子，在下一年春暖花开的季节，结束八年的爱情长跑。

刘亭一直做的是电子IT行业，在C城很容易就找到了合适的工作，但是他也很忙，常常出差。

所以他俩在一起后，仍然是自己忙自己的，刘亭公司离得远，早上他六点半出门时，惠子还在睡觉。

晚上，刘亭八点到家时，惠子在公司组织团队开晚会。

除了周末，俩人几乎没时间在一起吃饭。

偶尔刘亭想跟惠子认真聊聊时，总被各种电话或微信打断。

惠子不需要加班的周末，她就会好好地睡一觉，一觉醒来刘亭坐在电脑旁边玩游戏，等惠子梳洗完毕，俩人手拉手出去吃午餐，他俩都不喜欢做饭，当然主要是厨艺很差。

他们是一对从校园走到谈婚论嫁的普通情侣，惠子最喜欢的是在周末的晚上，一人一只耳麦遛个弯去附近的电影院看一场电影，有时，走累了，就肩并肩坐在路边的台阶上，看人来人往，笑嘻嘻地猜测路人的故事。

也许这样下去就是永远，两鬓斑白时，她和他还能一起说笑。

我其实很喜欢这种相濡以沫的爱情。我想我一定可以见证他们一直到白头。

我生日后，大半年没见惠子，再次听到惠子的消息时，是秋也找我。

她是我同事，也是惠子大学同学，那天秋也神色惶恐地跟我讲："猫，刘亭结婚了你知道么？"

我说："什么时候的事情啊，惠子咋这样呢，真不够意思，结婚也不通知我？"

"你还不知道吧？刘亭结婚了，但新娘不是惠子！"

"晕，你逗我玩儿的吧？"

"我哪有心情骗你啊，刘亭结婚的照片已经传在我们同学群里了，我给你看看。"

那是一张新郎拥吻新娘的照片，白色的花柱旁，阳光的剪影落在红毯上，刘亭穿黑色西服，侧脸刚毅俊朗，他微微低头亲吻着娇小可人的新娘。新娘皮肤白皙，半挽发，虽然只有个侧面，但依然可以看得出是一位温柔的姑娘。

这新娘，百分之一百不是惠子。

我坐在吧台旁，心情翻江倒海久久不能平复。

我问秋也："惠子知道么？"

秋也捧着杯子愣着我："你说呢？刘亭已经昭告天下了，还有谁不知道呢？"

惠子该有多难过啊？

我迅速给惠子打了个电话，听到她的声音里充满疲惫，我问了她下班的时间，晚上直接杀去了她家里。

她九点半到家里，煮了两份青菜面，榨了两杯苹果汁，我俩坐在沙发上，开了一盏鹅黄色的灯，吃着面，听惠子断断续续说着。

三个月前，刘亭要出差去成都，惠子说让他等着她下班，晚上再一起去看一场电影。

结果那天公司临时接了新项目，要连夜做汇报方案，等惠子回去时已经是凌晨两点了，刘亭斜躺在沙发上睡着了。

第二天她送他去了机场，相拥告别，她抱着他说："对不起，下次你回来咱们再一起看电影。"

他说："没关系，我给你准备了礼物在卧室抽屉里，你记得拿一下。"

然后他拉着行李箱进入安检，她挥手告别，和每一次的分别一样，稀松平常的事情。

回到家里，拉开抽屉，惠子便看到了一只红色心形的盒子，心漏跳了一拍，她想着一定是戒指，刘亭求婚戒指。迫不及待地打开一看，是一条项链，纤细的银链上缀着一只晶莹剔透的粉色水晶蝴蝶，惠子有些许失望，但也欣然地挂在了脖子上。

这次刘亭走后，惠子依旧忙着工作，前几天因为回家都比较晚没给刘亭打电话，第一个月他俩也就通了两次电话，第二个月，惠子再打电话过去就一直是无人接听，连着打了三天，好不容易接通了，刘亭说："惠子，我们分手吧。"

惠子说："为什么啊？我们不是一直好好的吗？怎么突然要分手？你开什么玩笑啊？"

刘亭说："你太忙了，你的眼里只有工作，我感觉我们不太合适……"

他把电话给掐断了，惠子呆呆地站在地铁站里，看身边人来人往，眼前黑压压的一片，她突然忘记了自己要走的方向。

第二天，她丢下了自己的工作，请了年假，飞向成都。她一定要去找刘亭，当面问个清楚。

那天成都大雨，她到了双流机场，一直打刘亭电话，打了很多遍，电话才被迟迟接听，她说："你在哪儿？我去找你。"

刘亭说："我在忙着呢，现在没时间见你。"

她说："那我等着你，一直等到你有时间为止。"

两个小时后，刘亭来了机场。

他俩一起吃了一顿晚餐。

惠子不停地问："为什么要分手？"

刘亭抽着烟望着窗外声音低沉地说："你真的不知道为什么要分手么？"

"你从来都只想着自己，我一直在成都工作，你说你的工作正处于上升阶段，你不能离开C城，那我就去C城，但是看着你每天都那么忙，咱俩从来没有一起吃过一次早餐，就像租住在一起的室友一样，这不是我想要的爱情。

"我想要的不多，只是想不管再忙，也有个人一起吃早餐。

"我要结婚了,对象是我一年前在认识的一个姑娘,她是一所幼儿园的老师,她没你能干,没你独立,也没你坚强,但是她有时间,她会耐心听完我每一次讲话。我想她才是我相守一辈子的那个人……"

这次刘亭讲了很多,惠子没有打断他。

惠子抹着眼泪说:"可是你说过了要照顾我一辈子的啊,你怎么可以说变就变?"

"我们在一起了八年,我们经历了那么多,那些开心幸福的日子你都忘记了吗?

"我不上班了,我来成都,咱们不要分手好不好?

"你说吧,我哪里不好,我都改,我以后每天早早起床,给你做早餐……"

不管惠子说什么,刘亭都低着头不再搭话儿。

那天他消失在滂沱的大雨里,再未回头。

惠子从成都回来时,MP3里一直单曲循环着王菲的一首老歌:

风属于天的,我借来吹吹,却吹起人间烟火

天属于谁的,我借来欣赏,却看到你的轮廓

都是因为一路上一路上

大雨曾经滂沱,证明你有来过……

惠子说,感觉就像做了一场梦,梦醒后只剩下了自己。

只怪自己不懂珍惜,失去了才知道后悔。

"你恨他吗?"我问。

"不恨,就像蝴蝶飞不过沧海,谁又忍心去责怪?他有他的追逐,我有我的生活……"

因为没有指望,你只能变得更强大

"我要的是细水长流,可他却悄悄地放了手。"

那天晚上惠子喝完苹果汁后又喝了几杯红酒,我心疼她失意的样子。

不过,我想惠子是真的决定要放手了,不然呢,他已经结婚了,其实不是蝴蝶飞不过沧海,而是沧海那边已经没有了等待。

我始终相信,离开任何人,惠子都可以精彩地走下去。

日子依然忙忙碌碌地过着,惠子把失恋的情绪变本加厉地发泄在了工作上,今年年初升职为了业务总监。

她还是没有吃早餐的习惯,一个人生活,决口不提爱情。

直到今年夏天,在一次客户答谢活动上,她遇见了余未乐。未乐是那次活动的美陈设计师。

那天晚宴他俩邻座,交换了名片后,便开始有一搭没一搭地聊着。从工作聊到了生活及爱好。巧的是他俩住一个小区,两个楼栋紧挨着。

这样他们又在地铁上热火朝天地聊了一个小时。

第二天早上,未乐便买了早餐去敲惠子家的门,惠子正在着急忙慌地梳洗,当他看到未乐拎着热腾腾的豆浆和煎饼果子倚在门口时,她愣住了。

未乐说:"女孩子,工作不要太拼了,我想你早上都没时间吃早餐,从今天起,我每天都给你送早餐。"

惠子接过了早餐,说:"谢谢你。"未乐就这么一个简单的小举动,翻起了惠子心中的惊涛骇浪,她清晰地听到自己心底某个地方瞬间坍塌的声音。

未乐是一个靠谱好青年,每天的爱心早餐说到做到。惠子的心在这一天天的豆浆油条、酸奶汉堡、豆浆煎饼果子、包子、小米粥中变得越来越柔软。

送了两个月早餐后,他俩在一个阳光清透的早晨,坐在惠子家的餐桌旁,吃着未乐做的三明治,面包片夹荷包蛋,桌边放着吐着热气的蜂蜜银耳粥,未乐看着狼吞虎咽的惠子说:"别着急,慢点吃,还有时间,吃完我送你去地铁站。"阳光透过窗台,被剪成一小块一小块地打在格子桌布上,几颗透亮的水珠趴在百合花瓣上……

在这个不慌不忙的早晨,有一种尘埃落定的喜悦涌上惠子的心头。

有时候幸福真的很简单,就是不管日子再忙,也有人可以陪你一起吃早餐。粗茶淡饭也能吃出别样的温暖,每天的早餐加上长久的相处等于一辈子的爱情。

刘若英唱:真的想寂寞的时候有个伴,日子再忙也有人一起吃早餐,虽然这种想法明明就是太简单,只想有人在一起,不管明天在哪里……

每天的早餐加上长久的相处等于一辈子的爱情。

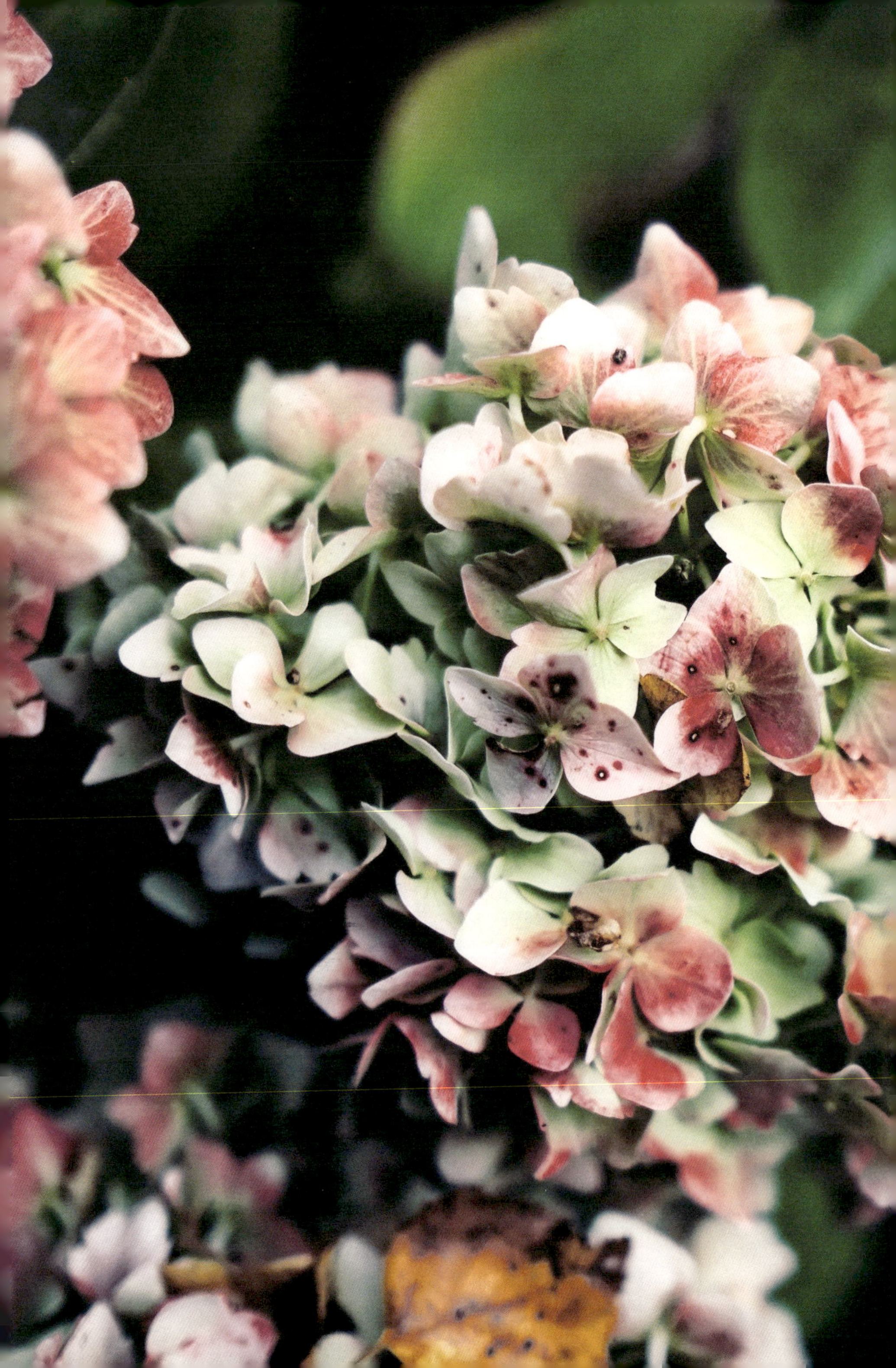

Chapter 5

我若盛开，
清风爱来不来

活得优雅是一辈子的事情，
美丽，从来只属于自己。

我若盛开，
清风爱来不来

文 | 袁小球

做一个优雅的人很容易，
因为你不需要观众，只需要一份心情就好。

今年在一个公司实习的时候，遇见了一个让我充满好奇的女人。公司是开放式的办公环境，每天早晨有人定时打扫。打扫的过程其实要花费很长时间，因为除了扫地、擦地，还需要给每个办公桌旁边的垃圾筐换上新的塑料袋。坦白讲，这份保洁工作不算轻松，薪酬也未必很理想。

上班的第一天，我去得格外早，就在我认真地研究着电脑中一堆乱七八糟的文件的时候，听见桌子旁边传来簌簌的塑料袋摩擦声。扭头去看，发现一个三十多岁的姐姐正蹲在那儿给垃圾筐换垃圾袋。当时的我非常不好意思，匆忙起身想帮她，她却摆手笑着说："没事，你忙你的。"直到看着她将附近的所有垃圾筐都收拾干净后，我才忽然意识到，原来她就是公司的保洁员。

我之所以这么惊讶，是因为这位姐姐和我印象中的保洁员差十万八千里。并不是我对保洁员的工作有什么偏见，相反我觉得这份工作非常辛苦也非常值得尊重，毕竟干净整洁的办公环境才是安心工作的最起码的条件。但是，在我这二十多年的人生中，我从来没有见过一个保洁员如她这般优雅。

你见过哪位保洁员穿细细的高跟鞋擦地吗？你见过哪位保洁员闲暇时会坐那儿安静地看书吗？你见过哪位保洁员自带便当而且摆盘的吗？反正我是第一次见。自从我开始注意她，便习惯性地观察她的言谈举止。她喜欢穿一件黑色的裹臀连衣裙配一双黑色高跟鞋，头发总是散开却一点也不凌乱。早晨是她最忙的时候，待一切忙完，便会坐在前台边上的一个小桌子边看看书，喝喝茶。有时候也会和前台的姑娘聊聊天。时间久了，我都记住了她的杯子——一只骨瓷雕花的咖啡杯，如她人一般优雅。

念书的时候，无数次在传播学的课堂上讨论着什么是"刻板印象"，却没想，自己果然还是一个俗人，逃不了目光的狭隘，却也被这位姐姐的优雅深深震撼，免不了反省自己的无知与幼稚。活得漂亮很容易，但为自己活得漂亮却很难。

每天早晨挤地铁，你可以看到大把大把的年轻姑娘，穿着漂亮的衣服，画着精致的妆容，张口闭口是英文名字，宁可吃六个月的泡面也要买一个名牌的包包。她们很美，也很不容易，但是这种美丽是被逼出来的。就像一个做时尚类工作的朋友曾和我抱怨，公司的姑娘一个比一个妖娆，我迫不得已只好花钱去报了一个化妆课。我们普通人很容易被环境所影响，并理智地选择最符合大众心理的方案。有点像变色龙，环境是什么颜色，我们就变成什么颜色。但我们的变化未必出自本心，也许只是因为，别人都这样。

  但公司里面的那个保洁员姐姐的优雅，却从来不是因为别人。公司虽然人多，但几乎都在各忙各的，相互之间很少说话，也必然没有时间和心情去观察一个保洁员穿了什么做了什么。但她似乎从来不介意是否有人注意她，只安静地做着自己该做的工作。我也会想，穿着裙子和高跟鞋擦地真的舒服吗？如果是我，必然穿上肥肥大大的深蓝色工作服，再配一双平底拖鞋。转念一想，自己果然又俗了。舒服不舒服又何妨？关键是在平庸的生活中，你是否愿意为自己活得更漂亮一点？

  这个世界上，太多人都不是为自己而美丽。

  买一件衣服，想着我穿上的话，恋人会不会觉得我更漂亮一点，这也许是大多数姑娘的内心写照。这很正常，也容易理解。女为悦己者容，这是千百年来未曾变过的传统了吧。不只是你，我也一样。做文字工作，每天接触的除了女性就是像女性的男性，办公室的蚊子大概都是雌的。在知道我每天六点钟起床，六点一刻就可以背着双肩包、穿着平底鞋、素面朝天出门后，妈妈已经对我绝望了。我每次狡辩的话都是，把自己弄得那么漂亮干吗，反正又没人看。

  如今想想，当初自己也是真的很浅薄。难道美丽就是给别人看的吗？随着年龄的增长，心境也会逐渐变化，越发能体会川端康成那句"凌晨四点钟，看到海棠花未眠"的韵味。当初的心境是，我若盛开，清风自来；现在的心境是，我若盛开，清风爱来不来。如昙花夜间悄悄绽放，你看见也好，看不见也罢，一室清香终究是有所得。美丽，从来只属于自己。

说到这儿，不得不提自己的一个阿姨。阿姨今年已经五十多岁，按理说应该是过着含饴弄孙的生活。但阿姨不仅外表年轻，心态也极为年轻。她喜欢旅行，热衷拍照，敢于尝试一切年轻人喜欢做的事情。在自拍杆还未大范围流行的时候，她就已经买了一个愉快地和朋友们一起自拍了。她身材保持得极好，喜欢买年轻人喜欢穿的衣服。在她看来，只有她穿上好看不好看，没有她年龄符合不符合。你可以和她聊化妆、聊美容、聊八卦、聊旅行，她即使有不懂的时候，也是充满着好奇与探索。我想，这位阿姨和那位姐姐应该是一样的人。她们的世界其实很简单也很纯粹，她们懂得欣赏自己的美，懂得欣赏这平庸的生活。她们是自己生活的主人，而不是生活的奴隶。她们无所畏惧，内心满足，因为生活已经给了她们最好的礼物——强大的内心，理智的认知，乐观的态度，以及由此形成的优雅人生。

优雅和金钱、地位有关系，却也没有关系。中产阶级的生活确实很容易培养出孩子优雅的气质，但气质不等于内心。新闻中那么多的衣冠禽兽，不是很多都是风度翩翩、仪表堂堂吗？礼仪是可以靠外界培养的，但优雅的心态却是需要自我修炼的。

做一个漂亮的人很难，因为你需要别人对你容貌的肯定，做一个聪明的人也很难，因为你需要自己对别人智商的碾压，但做一个优雅的人却很容易，因为你不需要观众，只需要一份心情就好。就像阴天需要打伞，就像天冷需要盖被。当有一天，你终于可以将自己活成自己的主人，将优雅变成习惯，不再计较那些功利得失，自然就会变得从容淡定美好。

实习早已经结束，学到的却不仅仅是技术。尽管离开公司已经很久，但时常会想起那个可以穿着高跟鞋优雅地打扫卫生的姑娘。想必在这样的人心中，没有什么日子是没有阳光的。即使没有阳光，也无所畏惧于黑夜中起舞。自己就是自己最好的观众。当我逐渐想明白了这点，也开始重新打量起自己的生活。

原来因为担忧搬家麻烦，所以很多东西都习惯性地买一次性的。方便是方便，扔了也不会心疼，但总是少了几分生活的气息。因为身边充满了一次性的商品，所以有时候连生活都觉得是一次性的。看到什么想要的想买的东西，总是会自己劝慰自己，对付用吧，反正都一样。于是，时间就在我一次又一次的对付中流逝，生活就在我一次又一次的对付中变得越来越廉价。我们总以为，什么都可以对付，对付的是别人。殊不知，我们最终对付过去的只是我们自己。因为我们终会在年华逝去中平庸老去，一无所得。

就像舞蹈未必要在聚光灯下夺目，就像昙花未必要在百花争艳时盛开。你若觉得我相配于这俗世繁华，我定然感谢你慧眼识珠的珍视；你若觉得我不配于这万千繁花，我选择深夜盛开，独自起舞，也绝不辜负这年华似水，我有幸走过。即使有一天，我一无所有，行乞于街头，又何妨我以水为镜，对月梳妆？年龄，工作，性格，身份，我们什么时候开始背上这些枷锁，从此活在井底？

成为别人期待的人很容易，成为自己期待的人很难。活成别人的美丽，若不活出自己的优雅。当一万个人说你不配的时候，你是否有勇气相信自己值得？在聚光灯下舞蹈也许很紧张很难，但在黑夜里舞蹈则需要更多的勇气与力量，因为没有人会给你鼓掌。但内心真正强大而优雅的人是无惧于孤独的，因为生活就是最好的舞台，自己就是最好的观众。

活得优雅是一辈子的事情。我若盛开，清风爱来不来。

内心真正强大而优雅的人是无惧于孤独的，
因为生活就是最好的舞台，自己就是最好的观众。

正因为我是女孩子，所以才那么努力那么拼

文 | 十三夜

只有靠自己努力得来的东西，才是最安心最踏实的。

1.

大三那一年的春节，是我唯一一次没有和家人在一起过年的一年，母亲打电话过来问我能不能向堂姐借一点钱的时候，我的心忽地疼了。母亲说家里真的是连几千块都没有，真不知道年要怎么过才好。

那个时候，我在堂姐的夫家帮堂姐带带小孩，打扫一下卫生，其实做的事情很简单，就是拖地、洗碗、做做菜、帮晒晒衣服之类的，说白了就是家务事。

堂姐的婆婆是个事业有为的女强人，不到50岁的年纪，穿着大方而有气质。快过春节的前天，她买了两件大衣，问我和堂姐哪一件好看，其实，都挺好看的。

当堂姐的婆婆说出衣服的价格的时候，我被吓了一跳，绿色的大衣是八千多，另外一件是一万多，我想起母亲问我帮借一两千块钱的时

候，我的内心是不平静的。那是我第一次感受到穷人与富人的生活是怎么样的，我的母亲为过年的几千块钱而发愁，而堂姐的婆婆却在问我们哪件牌子的衣服更好看。

就像姐夫的一辆奥迪车，可能是我的父母奋斗到现在也买不起的。

我暗自下决心，将来的我，也可以买自己的房子、车子，过年的时候能够给父母包很大的红包，让他们不再为基本的生活而发愁。

2.

朋友说，十三，你一个女孩子非得奋斗？什么房子车子的多无趣，你想要那些，嫁给一个有车有房的有钱人就可以了，况且你长得还可以。

我说，婚姻又不是为了换取什么，朋友笑笑，你就是脑子不开化。

那是我第一次感觉到被轻视，因为我是一个女孩子，所以我想要什么，何必非得靠自己？朋友的话也没错，那确实是我可以得到那些东西最直接最快的方式，可是，那样得来的一切，未必就能够快乐踏实。

我一直坚信，只有靠自己努力得来的东西，才是最安心最踏实的。

我可不想，哪一天不得已离婚的时候，我的老公对我说，十三，车子、房子都是我的，你没有付出过一点，所以你别想着得到什么。对，那样的场景是我不想面对的，也不希望发生的。所以，我更坚定，即便是恋爱，即便是结婚，也要做一个经济独立的女人。

3.

刚念大二的那一年,家里传来妹妹患上抑郁症的消息,那一瞬间,我的内心是奔溃的。

她还那么年轻,还是一个未成年人,母亲在不得已之下,把她送进精神医院去治疗。因为给她治病,家里简直就是落魄到只能东拼西凑去借钱,到了后来,母亲说她都不敢去借钱了,因为到处都是催账的。

那时,我多么希望自己很有钱,那样母亲就可以不用发愁,妹妹也可以有更好的条件治疗。现在,妹妹早就出院也康复了,可是每个月还要吃一千多块的药,父母毕竟只是普普通通的农民,每一分钱都是血汗钱。哪里来那么多钱供妹妹吃药,又供我生活费呢。

所以,我没有什么理由不好好念书,不好好努力,我希望有一天,当自己或者家人生病的时候不用为钱而发愁,可以得到最好的治疗,希望父母不用那么操心。

4.

小时候,我的父母出去打工,我和妹妹成了留守儿童,被迫送去镇上和爷爷奶奶在大伯家生活,那个时候,我和妹妹在镇上念小学。

有一次,妹妹不小心把宿舍大院一个女同学的皮凉鞋踩断了一只,那个女同学一直喊着要赔钱。那一年,我和妹妹的生活费是一个星期二十块,妹妹赔了那个女同学十五块,因为父母不在身边,我们不敢和奶奶多要,所以,那个星期妹妹和我一起吃饭,我们一碗饭两个人一起吃,不敢和亲戚大人说。

父亲回来招工的时候，来看我和妹妹，他给了我们五块钱，周末的时候，妹妹忍不住嘴馋，拉着我去小卖部买糖吃，等我们到小卖部门口的时候，妹妹发现她把身上那5块钱弄丢了，她抱着我哭得很伤心。

她说，姐姐对不起，我不是故意的。那一年，她8岁，我10岁，我们都还是小孩子。

后来，我才知道父亲回来招工被骗，他把全身上下的五块钱都给我和妹妹了，那一年，父母在外省打工并没有赚到钱，母亲因为患病浮肿得厉害。

母亲终于回来的时候，我期末考试得了全班第一，那是第一次，城里的小孩觉得我很厉害，母亲知道我的成绩，为我感到骄傲，但却病情加重。那一年，我随母亲去了外公家，我们靠粘火柴盒赚点生活费，那个新年，我和妹妹都没有新衣服。后来，母亲病得实在厉害，亲戚看我和妹妹还小，凑钱给母亲住了院。

母亲终于捡回了一条命，而我却迅速长大，从一个小孩子变成一个懂事的小姑娘。那段时间，我和妹妹去亲戚家都被嫌弃，因为我家真的穷得不能再穷，他们都怕我和妹妹多吃他们一碗米，原来，遭遇冷眼相待是多么一件另人难过的事。

那个时候，我多么希望自己快点长大，这样，我们就不用再寄人篱下，就不用小心翼翼。

5.

大二的时候，因为妹妹生病，我也因为身体出现问题，做了个小手术，我的成绩一落千丈。期末成绩考出来的时候全班四十多名，连申请

青春只有一次，愿你不负生活不负自己。

困难补助的资格都没有。

记得那时，我打电话给班主任让她帮帮我，我家实在困难，可是，无论我怎么说，班主任只说了一句话：没有办法，你的成绩不合格。那个时候，我为自己的不争气流下眼泪。但冷静下来，才知道，哭是没有用的，哀求也是没有用的，我能做的就是静下心来把专业学好。

那年，我从来没有过地认真，后来的期末考，我考了十多名，终于有资格申请困难补助。当我拿到那笔钱，告诉母亲的时候，母亲说，你省着用，这个月就不打给你生活费了。那个时候，我知道，我为母亲减轻了一点负担。

我若盛开，清风爱来不来

再后来，我写的稿子也经常拿到一些稿费，做家教什么的也够零花钱，与此同时，在大三最后一个期末考，我的成绩终于进了全班前五，母亲知道的时候，很开心，不管做什么，我都觉得自己很有底气。那个时候，才知道，原来，努力学习是那么有成就感。努力，可以让你骄傲并有底气。

出书的时候，学校奖励了我八百元。那个时候，我拿着那些钱，心里是那么踏实，那么满足，因为那些钱，都是我靠自己的努力赚来的。

6.

作为一个女孩子，为什么要那么努力那么拼？

或许，是因为从小家里就贫困，所以，长大后，不想再过那样的生活，不想再像父母一样奔波劳累。

或许，是因为自己本身就是个女孩子，不想被别人轻视，不想被说"你想要什么，嫁个有钱人就可以了"，不想被说"女孩子读那么书干什么"，不想被说"女孩子在家相夫教子就可以了，工作干什么"不想的太多。

因为只有努力，只有拼搏，才可以过上自己想要的生活，才可以活得骄傲，活得美丽。

为了不想生活苟且，可以把眼前都过成诗。

每个人都有一段难走的路，都有一段寂寞而孤独的岁月；每个人，都有一段难熬的日子；每个人，都会经历风雨经历疼痛；每个人，都会长大。但是作为一个女孩子，最好的成长就是学会坚强并且笑对生活。

我没有因为我的家庭贫困，觉得自己是可耻的。我没有因为我现在买不起昂贵的东西就失意，因为我相信只要我努力就可以拥有。我没有因为梦想遥远就不去追，因为我知道没有人可以阻止我想要拼搏的心。

青春只有一次，愿你不负生活不负自己。

每个人，都会经历风雨经历疼痛，每个人，都会长大，作为一个女孩子，最好的成长就是学会坚强并且笑对生活。

你为什么活得不像女人？

文 | 苏芩

> 趣味横生的女人，会忘记了岁月的骚扰，
> 在时光的侵略中游刃有余地行走。

在女性课程的学堂上，经常会有学员来跟我聊天："没哪天日子过得舒坦！我觉得自己还不老啊，怎么好像越来越不像女人了呢？"

我哑然失笑。望望她们一身大咧咧的气质，眼神焦虑且空洞。我说："嗯，或许咱们都一样，忘了像个女人一样活着。"

或许是打小看《红楼梦》的缘故，我总觉得女人的活法必须跟精致有关。

所以贾母携刘姥姥游大观园，行至黛玉处，见房前千竿翠竹，便特吩咐用银红色的霞影纱替她糊窗户，青红相衬，透过竹丛看朱窗隐隐成烟，合上眼一恍惚，也觉得那样的画面是极美的。到了宝钗的蘅芜苑则又是另一番景象，奇香满院的宝钗处，一入闺房却空洞无物，一律陈设皆无，床上只一副寒简简的青纱。贾母因此不悦，到底把自己的几件素

朴玩器拿来摆上，另把一幅水墨画床帐拿来替了青纱幔。贾母因此不喜宝钗。非因这姑娘在亲戚面前折了自己的面子，而是一个十五六岁的小姑娘，便如此精精细细地过日子，想来也是个极无趣的人。我绝不认同其后贾母会赞同乖孙宝玉娶宝钗为妻的续文，一个无趣的王夫人，已然让做婆婆的她无感到了极点，再填一个同样刻板的孙媳，岂不让贾母辛苦一生建立起的趣味荣府文化沙龙分崩离析？！

贾母一生爱玩，也喜欢爱玩爱美爱享受的女孩。她最爱的重孙媳秦可卿是极爱漂亮的典范，重病卧床见医生都要一天三五遍地换衣裳。王熙凤更不用说，当家少奶不仅会理财管钱，每一天的梳妆行头更是毫不含糊。尤其外孙女林黛玉，写诗、葬花、戏鹦鹉……哪样的小情小调都信手拈来。这样的女人，才是浑身洋溢着浓浓的女人香，能在生活的缝隙间把日子过得活色生香。

论吃的，也是如此。四十九回芦雪庵联诗，湘云引头在大观园中吃烤鹿肉，在大观园里架起了烤炉、铁箅子，新鲜的鹿肉撒上盐巴，一顿纯天然的冬日烧烤火热进行中。宝钗的堂妹薛宝琴初来乍到，惊讶得不敢凑前，她没见过名门公子小姐这样吃东西，"我不吃，怪脏的"。宝钗的几番劝励，她才走到了桌前。美味一入口，一发不可收拾。

也是从《红楼梦》开始，我认为做女人，可谓是一生的福气。于是我开始时常检讨自己的生活状态。

虽然各种精雅的服装挂满了衣橱，可出门时一定会挑最随意舒服的那件马虎穿上。——"因为要赶路赶飞机，这样跑起来方便。"

各种名茶滋养品堆满了储物柜，可直到过了保质期才想起自己又忘了好好疼爱自己。——"因为那些东东冲泡起来真的很麻烦，不如矿泉水喝着方便。"

午餐晚餐能对付就对付，早餐也能省略就省略。——"不饿的时候何必吃饭呢？"

前段时间有个朋友端坐我面前，盯着我眼睛扎扎实实说了一句："你呀，就是太不爱自己了。"

心头一震！是啊，什么时候，我已经在自己的王国里失宠了？！

2014年的圣诞节在葡萄牙，与朋友一起去当地最著名的蛋挞店喝下午茶。我们在热闹的圣诞歌声里大口咬着酥甜的点心，却见旁边一位花甲的老妇人，独坐一张圆桌前，一盏咖啡、两只蛋挞，轻咬两口点心，微微啜一口咖啡，偶尔抬头看一看窗外半沉的太阳，里斯本的下午，在这样一位老妇人的身上优雅绽放。当然，她的衣着极其朴素乃至于简陋，但不影响她精致的、从容的生活。

这两天坐在刚刚重新装饰过的房间里，细细把那些所见所闻的故事重新温习了一遍。讲了十几年的，三十过半，才要下定决心在做女人的路上活得再精致一点。

我们的一生，该做个什么样的女人？

美貌是天赐的礼物，可遇不可求。

富贵是极小的概率，未必人人有。

那么，就做一个有趣的女人吧。趣味横生的女人，会忘记了岁月的骚扰，在时光的侵略中游刃有余地行走。

老一辈总是叮嘱我们："要把日子当日子过哟。"

看看他们凄惶的眼神，我想：或许，不把日子当日子过，你才赢了。

姑娘的努力，与虚荣无关

文 | 洛洛莉 ya

> 只有自己沉淀并努力，才能获得别人眼中那毫不费力的精致生活，也才能让自己每一天都从容而淡定。

身边有一个身材娇小、打扮入时、举止得体、生活精致的女生，是隔壁部门的主管。我们都叫她小 A，不是 A 罩杯的 A，而是样样都是优异的 A。

她的英文名字叫 Ada，戴着黑框眼镜，即便是不施粉黛，也能看出出门前精心修饰的发型与嘴唇上永远润泽的颜色。她很努力，每天前三个到办公室，给桌上的绿萝浇水，整理前一天加班散落的文件，即便是主管，她仍然每天替身边的同事，擦一擦桌子，扶好倒下的水杯和打开电脑，一天的工作，就从清晨开始。

她很努力，每天精力旺盛，以一敌百，在办公室与上司据理力争，在同侪面前，拼命三郎，在下属面前关怀备至，即便是加班加点，她也从来都是最早一个上班，最晚一个下班。我们常常在茶水间遇到，点头之余，也会闲聊几句。

昨日下午，我在茶水间打完业务电话，乘着屋外阳光灿烂，想调整一下糟糕的心绪，再进入工作状态，她站在我身后，手里端着冒着热气的牛奶，递过来，说："喝一点吧，心情会好点。"

"谢谢。"我接过她手里的牛奶，与她一起坐下来。

"你怎么可以每天都这么神采奕奕？好像停不下来的小马达，充满动力。"我笑着问她。

"哪有你说得那么好。我有时候也会像你刚才那样啊，站在那里，一个人出神，收拾一下心情，准备下一次冲锋。"她爽朗地笑着，一点都不为我冒昧的一问而感到尴尬。

"其实，作为女生，在职场里有时候真的很有挫败感。上司苛责，同事冷眼，还有那无休止的加班，客户的责骂，家里人的不理解。"说到家里人的不理解，她的眼神黯了下来。

"很多时候，我们这么努力，不是为了去证明什么，而是想要活得自由一点。"她站起来，拿着杯子笑着走开。留我一个人在那里想着。

想不明白的我，坐了一会儿，也站起来开始重新投入工作，只是，那句话——很多时候，我们这么努力，不是为了去证明什么，而是想要活得自由一点——常常在不经意间冒出来，而我也发现，在之后的日子里，不论我遇到什么事情，无法淡定，恼怒、焦躁一起向我袭来的时候，我就不自觉地朝她所在的角落看去，她依然那么淡然，气定神闲，于是我深呼一口气，告诉自己，也可以如她一样。

之后的第二周，部门聚餐，大家在KTV唱歌至深夜十二点，啤酒瓶散落一地，每个人脸上都带着月底加班后解脱的兴奋潮红，在灯光下变换着不同的颜色。唯独她坐在角落，看着大家笑闹，偶尔插一两句，总能恰中要害，画龙点睛。我去厕所吐完出来，她站在门外，递给我一张纸,说:"尽力就好了。不用逢迎,下班了,做回自己就好啦。"然后,我又跑回厕所一顿狂吐,隐约记着,她说,不要逢迎,原来是看出最后不能喝的我,还被上司猛灌,知道我力有不逮。深夜,我们一群人站在马路上打车,一辆跑车停在 A 的面前,隔得太远,加之又不清醒,只隐约看到 A 不太情愿,车里的人努力想要她坐上车,最终 A 拦了一辆出租车,绝尘而去。

第二天,中午吃饭的时候,听到部门小八卦:小 A 昨天为什么没有上那个高富帅的车?一直听说追她的人都家境超好,果然名不虚传。另一个说,A 好像家境一般呀,这么好的机会,何必要自己这么辛苦地起早贪黑,拼命干活儿?干了几年还只是当个主管,一个月工资还不能买几个包哪。

说完她们一脸的不理解。另一个又接上话:谁知道昨天晚上是不是玩欲擒故纵的戏码,现在的女孩子,不都是在人面前假装清高正经,吊足了他们的胃口之后,显得自己多努力多勤奋,看不上那些富家子弟的钱似的,最后不也投入他们的怀抱。说白了,最终还不是虚荣。

"哼,我可不信,那些 LV 的包,是她舍得买的。"

她们毫不顾忌旁边一脸讶然地扒饭的我,一边说一边笑着,绝尘而去。

下午,中场休息的时候,我又在茶水间里遇到了 A,她的黑眼圈连粉底都挡不住,双眼无神,看着杯子里的花茶,连水溅出来,都没看到。

"小心烫。"我轻轻摇了一下她。她回我一个感谢的笑脸。

"你也听到什么了吗?你也应该听到了。公司不大,小道消息才传得最快。"我看着她，不置可否。应该中午坐在附近吃饭的她也听到了不少闲言碎语。只是作为高冷的她，怎么会去跟她们计较？

"作为女生，立足职场本已不易，却还要因为自己的努力饱受别人非议。"她幽幽叹了一口气。

与她聊天，才知道，她身上每一件衣服、每一个饰品、每一个搭配，都是她通过自己的辛苦努力获得的，她只是希望自己看起来精神，所以她会去学习如何穿衣搭配，她只是希望自己在见客户的时候，不会出现身份上的不对等，所以她攒钱三个月，买了一个包，更多的时候，她不选择去走捷径，而是通过自己的双手去获得，业余时间给人拍照、写稿或者去当平模，只是为了让自己的内心更丰富一点，而不是一周五天的工作狂。她也有人追，可是她没有把对方作为自己成功的跳板，而是选择自己适合并心仪的对象。她的目标很简单：认真地对待工作和生活，希望每一份获得都是自己努力得来，追求生活品质并没有错，光明正大地赚钱，光明正大地花钱，却成了别人眼中莫名其妙的虚荣和欲情故纵的戏码，让她听到这些说辞的时候，不禁为这些无聊的同事，感到悲哀，自己内心，却也感到孤独。

她说，直到遇到了我，仿佛看到了年轻时候的自己，那么拼命想证明自己，埋头苦干，内心茫然。其实，只有自己知道，我们不选择走捷径，只是因为，不想要被人说三道四，只是想说，自己的努力，不是为了钓金龟婿或者一步登天，更多的，只是想要让自己活得充实而有意义。

花了三年时间，当上主管，这只是职业生涯初期，她给自己定的目标，很多新来的员工背地里也常常议论，小A是总监最得力的助手，因为她长得漂亮，是不是也得到更多倚重？起初，我也有这种想法，因为她给人柔弱的感觉，颜值高，又得到高层器重，却不知她背后是付出了别人几倍的努力，在深夜里写文件，一个人出差拓展市场，一个人与供应商周旋，将公司一次次从险境里面拉出。她也从不解释，她说："解释是无能的人做的事情，我用事实证明过的东西，用不着解释。"

她的确用业绩，让大家刮目相看。年底表彰大会，她以领先第二名两百多万的业绩，获得年度最佳。我在人群里，为她高兴，领奖台上，她熠熠生辉，那句"解释是无能的人做的事情，我用事实证明过的东西，用不着解释"，在此刻得到完美的解答。

很多时候，我们会把自己放在一个弱势的地位，觉得女生可以利用自己的优势获得捷径，然而，人生最奇妙的地方就在于，公平与无私。如果我们在前一段路途中就预支了幸福，后面一段，必定痛苦，如果我们在最开始就心怀感恩，冒雨前行，最终后半段的路途也会变得通达又平稳。姑娘们，若一心只想着走捷径，那就真的满心以为，别人也是靠着捷径去成功，自己一心想着虚荣，那也必定认为，他人的目的，也不仅仅是为了证明自己，而是目的不纯，心怀叵测。

每个人的内心都是一面镜子，折射着自己的灵魂。有那么一群姑娘，每天工作忙碌，生活充实，去健身，去野营，去学画，去读书，并不是为了找一个更高水准的老公或者嫁入可以让自己少奋斗十年的家族，而是让自己在这个过程中有所收获，让自己越来越有涵养，在未来的日子里，面对那些似是而非的指责，能够一笑而过，这种气质，不是每天揣测别人心怀不轨的心胸可以比拟的，这种风度，也不是每天盯着肥皂剧和小鲜肉可以获得的，只有自己沉淀并努力，才能获得别人眼中那种毫不费力的精致生活，也才能让自己每一天都从容而淡定。

她常常跟朋友说："我的目标很简单啊，我就想着，到我老了的时候，成为一个幽默、善良、有点小见识、充满生活热情的小老太太，关于那些是否可以让我物质丰腴的东西，并不重要，重要的是心，是不是还有一角，是纯净而美好的。"

她就是那个姑娘，她的努力，与虚荣无关。

如果我们在最开始就心怀感恩，冒雨前行，
最终后半段的路途也会变得通达又平稳。

你朋友很牛，关你什么事？

文 | 入江之鲸

真正重要的，不是你认识谁，而是你是谁。

不知道你有没有见过这样的人，自己在各方面都挺一般的，却特别爱炫耀他的朋友。

一个男生追小橙，整天开口闭口就说他的朋友、朋友的朋友一个比一个牛，A 上了电视节目，B 换了辆超跑，C 创业拿到风投。

小橙对他反感至极，心想：呵呵，你朋友牛，跟你有什么关系？

跟牛的人做朋友——不少人似乎以此为荣。即使有时候别人只是跟你吃了一顿饭而已，根本谈不上是朋友。

一次，微信群里一个业内大牛给大家发了个群红包，于是不少人纷纷发朋友圈，喜滋滋地表示：看，我跟大 V 在一个群里！我抢到了大 V 发的红包！

潜台词或许是：跟大神在一个群里，所以我也属于比较厉害的人吧。

但是仔细一想，抢一个红包就要发朋友圈炫耀了，只能说明你跟对方很不熟。

有一个六度分隔理论：你和任何一个陌生人之间所间隔的人不会超过六个。也就是说，最多通过五个中间人，你就能够认识任何一个陌生人。任何一个诺奖得主、国际明星，跟你就隔了五个人的距离。

这么看来，你朋友很牛，或者你朋友的朋友很牛，所以作为你朋友的朋友的你也很牛的推理，未免有些站不住脚。

而且这种炫耀，真的挺没必要的——如果你自己不在那个层级，就算你认识那些大咖也没用。你没办法为对方提供价值，那么一段关系很难维系下去。

一两年前看到一篇文章，是分析一个主攻陌生人社交的APP失败了，那款APP是号称要让社交跨越阶级，比如路边练摊的人可以通过APP勾搭上职场金领。某个90后明星创业者用一句话总结了失败原因，大意是：不同阶级的人不需要社交。

我以前帮一个学生创业的团队找分享会的嘉宾，要进一些财务金融圈的高端群里，挨个加那些经理、总裁、董事长、行长、会长、合伙人、创始人，问他们有没有合作意向。

对方得知团队的学生身份，又觉得这个项目无利可图，于是不少人上一秒还答应"考虑看看"，下一秒就立刻对你屏蔽了朋友圈。

有的人没有屏蔽你，有时候还给你的动态点个赞，但是很可能你很快就会主动把他加入分组不可见的名单里。

原因很简单啊：对方发着诚聘副总经理、集团进军旅游业、某某高峰经济论坛，你的朋友圈里却是某某火锅店新开张、雅思考试真艰难、学校校庆只放半天。你们不在一个圈层里，提供给彼此的都是无用信息。无法通过交换产生价值，你们的社交就成了无效社交。

比较弱的一方，可能会急于建立所谓的人脉，谄媚巴结、以粉丝的身份自居，觉得认识了大牛是一件很了不起的事，为此沾沾自喜。更有甚者，自己没什么好炫耀的，就炫耀这些所谓朋友的牛事迹，从而获得一种"自己也好像很厉害"的心理满足感。

曾国藩说过这样一句话：倚富者贫，倚贵者贱，倚强者弱，倚巧者拙。

那些需要依靠别人求得优越感的人啊，往往自己无能。

你的朋友再牛，跟你没什么关系。

——真正重要的，不是你认识谁，而是你是谁。

曾经经历过一件很哭笑不得的事情，一个不算熟的朋友原先比我厉害得多，因为一直没什么信息和资源可以互换，于是对方把我删了好友。后来当我实力变强后，这个人又主动加了我好友，想和我寻求合作。

我并非要感慨人情冷暖，而是因为这件小事，深深地觉得——打造人脉最靠谱的办法是打造自己。

有一句话这样说：尽管绝大多数人不愿意承认，他们的所谓"友谊"实际上只不过是"交换关系"。如果拥有的资源不对等，做不到"公平交换"，那么一方将会成为另一方的负担，关系也就维系不下去了。

我甚至越来越能理解当初那个朋友为什么要删好友：我看不到你的价值，所以不想花时间和你建立关系。

现在，有人一加我的微信，就向我打听利益相关的问题，向我索要一些什么，向我提一些只有单方获益的请求。

于是，我的微信里有越来越多未通过的好友请求。对那些陌生人，我只想问，我为什么要加你？我为什么要跟你做好友？你的介绍不能吸引我，你想要"向我学习"并不能给我创造价值，我们有社交的必要吗？

我被人拒绝过，也拒绝过别人。我不会埋怨那些拒绝我的人，而是清醒地明白：交朋友，要让对方看到你的价值。

别当脑残粉，别冒昧莽撞地指望别人大发慈悲。如果你想有一个对等和持久的关系，请先提高你自己。

不是你朋友很牛，你就也牛了；而是你的能力提升了，顺便拉高了你朋友圈的层次。

少用"我有个朋友很牛"的句式，你没能耐，没有谈资，才会扯自己认识的人有多牛。生活会告诉你：你的人生，只有靠自己。尽扯别人，没用的。

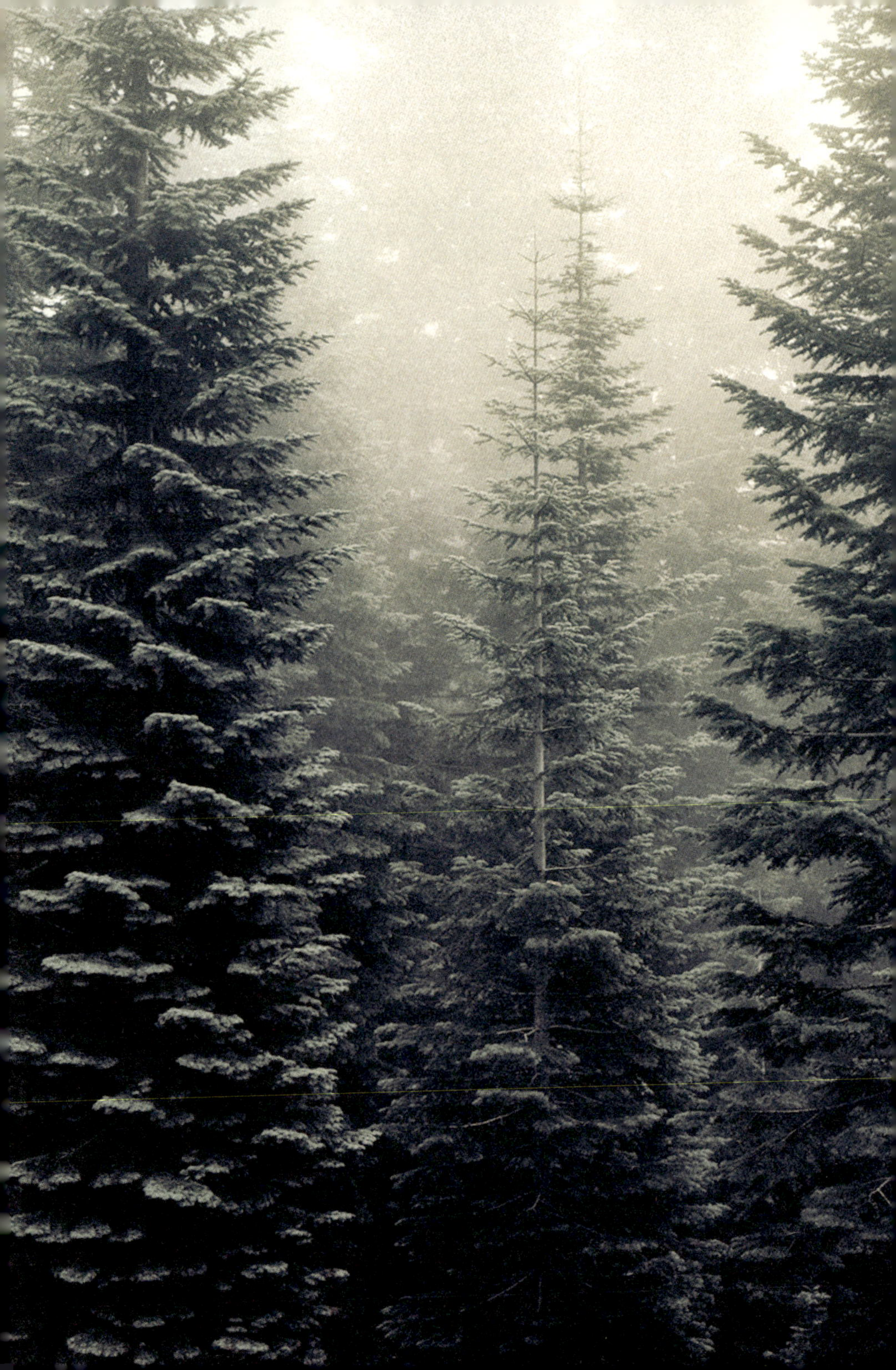

Chapter 6

听说，你还没能过上自己喜欢的生活

一路走来，
其实你已经做得很好。

听说，你还没能过上自己喜欢的生活

文 | 陶瓷兔子

他们背后不为人知的艰辛和努力，就是我们尚未做好的觉悟。
哪里有不会辛苦的自由，哪里有不曾妥协的成功？

月见小姐在决定辞职之前，曾经在微信上对我们进行了每日一吐槽的狂轰滥炸。

"每天都要看老板脸色说话，没完没了地加班和出差，对着吹毛求疵的上司和同事，真是够够的了。真想像×××一样啊，在家做自由职业者，每天轻轻松松地写个文案做个翻译，时间又自由又不耽误挣钱，人家那才叫生活。"

这抱怨来得太过频繁，以至于开始时经常回应她的那些人都默默失踪，直到她终于发了大招："告诉你们啊，我终于鼓起勇气辞职了。赶快表扬我一下。"纷涌而来的鼓励换来她频频发来那个大笑的表情，"我终于要过上自己喜欢的生活啦！"

我几乎都能脑补出她露出八颗大白牙神采飞扬的笑脸。

"哎，你帮我介绍个翻译能赚钱的活儿呗，我这刚刚起步，只要靠谱儿就行了。"她跟我说。

对于月见小姐的第一次拜托，我极其认真地辗转找了许多个朋友，终于给她找到一份虽然报酬不多但是绝对轻松的翻译兼职。她在那头连着发来好多个谢谢，开心得不得了："一想到马上就要新生了，真是太开心。"

她仿佛从一个满身怨气的小白领一下了进入了岁月静好的阶段，晒一晒自己种的花草，拍一拍自己画的涂鸦或是镜子里练瑜伽的身影，每天一发自己的健身记录，还有在读的那本名字拗口的厚厚的巨著。

就这么静好了好几个月，终于有天她忍不住拉我聊天："哎你说，这些人怎么就那么难伺候呢？我翻完五千字才给一百块，进度还催得那么紧。还有上次找我做文案的那家，我改了八遍啊，他们还挑挑拣拣，居然晚上十一点打电话给我要改方案，气得我直接就挂断了电话，有没有礼貌啊这些人。"

她气势汹汹地在那边抱怨了许久，终于轮到我插话的时候，我劝她："刚开始就配合一点嘛，等人脉建立起来了怎么样都行。"

换来月见小姐好像听到外星球电码一样的惊讶和不解："你傻啊，我辞职了自己单干不就是图个自由嘛，我要这么逼我自己，又被人使唤又看人脸色的，跟上班有什么区别？"

紧接着她又不甘心地絮叨几句："人同命不同啊，你看那个×××好运气，年纪轻轻开始做自由职业，做一笔够吃一个月，是不是什么二代啊，有人脉有家底什么都不愁。"

月见小姐口中的×××，曾经是许多人羡慕的对象。

一次公司活动的时候见过她，妆容精致举止文雅，带着一点独特的慵懒气质，像一只吃饱了准备入睡的与世无争的猫。寒暄之后我凑过去聊天："我有位朋友特别喜欢你，简直要以你的生活当作模板了。"

她苦笑一声指指自己的黑眼圈："羡慕的人多，能做到的人少。我现在比上班族还要辛苦，每天五六点就得起床看看做的方案甲方有没有意见，常常大半夜还被叫起来改图。做翻译就更别提了，看得我眼睛都花了，就那么一点点钱。"

许是看到我的表情太过吃惊和同情，她安慰似的拍拍我的肩："这都已经好多了，刚开始的时候好多钱少事多态度差的客户，我天天跟孙子一样跟在人家后面追账，动辄被骂个狗血淋头就为几百块钱。跟那时候比起来，现在真是好太多了。"

"自己做事居然也要这么辛苦？"我忍不住感叹一声。

"每一种自由都辛苦，"她笑容温柔眼神坚定，"但是值得。"

我想起自己刚刚毕业的时候，曾经特别崇拜一位"高冷"的前辈，他不拉帮结派地笼络同事，也从不花言巧语地奉承老板，从不刻意去争取什么，却能把每一项任务都完成得很出色，每一年都在高升，直至高管。

那时候我在想，这就是我想要成为的人，又独立又淡定，又优秀又个性。

直到有机会跟这位前辈聊天，换来他语重心长的一句"想要做什么样的人，需要先考虑好，自己愿不愿意付出相应的代价"。

用别人聊天吃饭打游戏的时间钻研业务的代价，每个夜里都在苦学然后清早起来跑步的代价。

对重要的客户做小伏低百般应承的代价，对上级错误的指示咬牙做完然后自己去补洞的代价。

曾经努力变成另一个人，才能做回自己的代价。

东野圭吾在那本《彷徨之刃》中曾经有过这样一段话。

下西洋棋的时候，一开始我们拥有全部的棋子，如果一直维持这样就会平安无事，但是我们要移动，走出自己的阵地，越移动就越可能打到对方，可是自己同时也会失去很多的东西，就像是人生一样。

我们常常以为自己喜欢某一种生活，或是想成为一个什么样的人，可是这样的想法往往只停留在了解别人最光鲜亮丽的一面，羡慕他自由，羡慕他成功，羡慕他年纪轻轻就升了高管，羡慕他不动声色就自费出国。

而他们背后不为人知的艰辛和努力，就是我们尚未做好的觉悟。哪里有不会辛苦的自由，哪里有不曾妥协的成功？

清楚自己想要什么、想做什么样的人还远远不够，去了解这样的日子要付出怎样的代价，你要成为的那个人都经历过什么样的生活。造就他们的和他们放弃的，你愿不愿意也做出同样的选择？

愿你落棋不悔，愿你终得所爱，即便这并不是一个人人都配拥有的结局。

愿你落棋不悔，愿你终得所爱，
即便这并不是一个人人都配拥有的结局。

听说，你还没能过上自己喜欢的生活

女人要对自己狠一点！

文 | 十二朵女王

对自己能够下得了"狠手"的姑娘，
都是确定自己想要的是什么的姑娘。

假期期间，孟姑娘要在青岛转机飞悉尼，于是她决定在出国之前再见我一面。虽然只有一个小时左右的见面时间，我依旧兴奋前往，因为我迫不及待地想看看对自己"下了狠手"的她是什么模样！

孟姑娘是我的微信笔友，由于空间距离原因，我们俩只有过一面之缘，大部分时间我们俩只在微信上聊得火热。

一年半前，在西塘那家"猫的天空之城"，我一个人坐在靠墙角的桌子上写信给2020年的自己，一个大眼睛的高个儿姑娘挪到我身旁，笑嘻嘻地问我："姑娘，你写啥呢？"我下意识地用双手捂着桌子上的信纸抬头看她，然后她愣了一下："我去，防备心这么强呢，单身狗一个人吧，我也一个人，搭个伴呗，给你看我写的……"话说她说完这些，我竟有些不好意思了，都是出来混的江湖儿女，干吗这么扭扭捏捏？于是我们俩就聊起来了。

世间总是有些很奇妙的缘分，我们俩竟然一见如故地东扯西扯，在西塘沿街的小店买了两瓶杨梅酒，坐在卧龙桥旁边的石凳上就边喝边聊起来。祖籍山东烟台的她，虽然从小跟随父亲在乌鲁木齐长大，但是一喝酒还是满嘴的山东大拉碴子味，豪放地把她男神已出国而她雅思每次都不及格的悲惨经历、她因婴儿肥单眼皮不自信的事情都一股脑倒给我了。同为山东妹子的我也挺能耐，把我失恋的那点破事也统统说给她听。就这样一发不可收拾，从西塘分开后我们俩一直保持着聊微信的习惯。

　　还记得去年九月份她雅思再次没通过，她的口语一直是致命的弱点。于是她辞掉了公务员的职务，全力以赴准备2015年年初的考试。我问她："现在你的工作不是很好吗？假期充足，待遇也不错，出国真的那么重要吗？"

　　"其实出国没那么重要，我喜欢的人很重要啊，还有就是我不相信我就死在雅思上，我之前考不到好分数就是因为懒惰和得过且过的心态，我决定这次对自己狠一次。"她用语音回复我，那声音无比坚定。

　　今年二月份的某天，她在朋友圈晒了她的雅思分数，还附了一句话：虽然只有7.5分，但是我想说女人就是要对自己狠一点！是啊，她对自己是够狠的，辞掉了安定的工作，不留退路地准备考试，每天早上六点准时起床练习口语，一天待在教室上自习做题做总结，晚上十点半准时躺床上，然后听着介绍澳大利亚文化的电台睡着。其实我也列过详细的计划表，然而那些计划表在被执行一两天后就永远只是个计划表。

　　我们约在机场大巴附近的书店，我差点没认出精神气质和穿衣风格大变的她。高挑的个子，时尚利索的短发，天蓝色棉麻衬衫，搭配一条简约直筒牛仔短裤，一双白色懒人鞋，跟一年前的那个学生妹判若两人，那一刻，我真正感觉到了女人改变的魔力。

拥抱过后，我还没开口，她就说："你是不是有很多问题想问？"我使劲点点头："你这双眼皮不会也是你下狠手的结果吧？""睁大眼看清楚，这是双眼皮贴，看你那傻样……"她嫌弃道。"那你是怎么瘦成这样的？"好吧，女人之间的话题永远离不开减肥。

原来，雅思考试过后她一边准备出国需要审核的材料，一边把之前没勇气或者一直推托的事情都一一做了个遍。首先去做了近视眼的激光恢复手术，手术恢复得竟然比她预想的还好；恐高的她专程去爬了次黄山，发现原来高处并没有想象的那么可怕；怕水的她花一个月学会了游泳，自嘲说她没被淹死在游泳池，差点被撑死在游泳池，在游泳池里喝足了后半辈子要喝的水；一直被嫌弃做菜无能的她竟然掌握了毛血旺和酸菜鱼等大菜的主要技巧，她还窃喜在国外也可以放心地吃中国菜啦……关于做菜那一点我让她分享诀窍，结果她幽幽地说："你多做几次难吃的，而且规定自己必须吃完，你自然就能做好了。"说到这儿我满心愧疚，有多少大菜都还停留在我的计划中啊。

聊完这些，我恍然大悟：孟姑娘所做的这一切乍一看是挺狠的，但是她"狠"得值得！就像安吉丽娜·朱莉，为了避免得乳腺癌的风险勇敢切除了乳腺，对自己能够下得了"狠手"的姑娘，都是确定自己想要的是什么的姑娘。那些沉溺在昔日感情中走不出的姑娘，旧情难舍是表象，没有走出情伤的"狠心"才是真相，即便别人不爱你了，你也要爱你自己，某种意义上对自己的"狠"是对自己的好。那些天天喊减肥却从未瘦过的姑娘，扪心自问你们真的狠下心"管住嘴迈开腿"了吗？某种意义上对自己的"狠"是下定决心的坚决。

孟姑娘在上飞机之前给我发了一条意味深长的微信，内容是：我没有刻意减肥，只是每天忙着做我要做的事情，不知不觉我就瘦下来了。

即便别人不爱你了，你也要爱你自己，某种意义上对自己的"狠"是对自己的好。

这世上总有一些人，逼你尖锐

文 | 海欧

其实，我们都习惯于依赖，
而当你戒掉所有的依赖时，你也就无敌了。

小曦是我多年密友，滚床单的事儿干过不少。说到这里，各位不要误会，我们所谓的"滚床单"仅限于两个姑娘闺房里的打闹，类似于林妹妹和湘云妹子那样，但我们毕竟不是古人，没那么腼腆。

我们的方式比较简单、粗暴，以把对方彻底弄焉为止。

而且我们不会爱上同一个宝哥哥。

天知道我和她的风格差得有多远，所以我从来不会担心闺密抢老公、老公抢闺密这种小概率事件的发生，换句话说，她除了能和我打闹到一块儿去，实在没有令我欣赏的地方。

比如……

比如她这人行为懒散，说什么都是一句"管他呢"或者"关我屁事"，然后继续趿着她的人字拖大摇大摆行走于光天化日之下。那画风特传奇。

再比如她马大哈这件事也是令人颇有微词，曾经就有圈内朋友跟我打小报告数落小曦，说明明约好了在哪里见面，结果人家都快到了，她却来一句"睡过头了要不下次再约吧"，朋友说得气势汹汹，因为知道我和她关系好，想让我去提个醒。怎知我双眼通红反客为主道"那有什么，曾经我们一起逛街我一双鞋都还没买她就以她家电视忘关了为由丢下我自己跑回家了"，换来朋友一万头草泥马的表情。

是的，我摊上奇葩闺密了，这事儿大了。大到什么程度呢，我一度认为以小曦这种性格，在工作上是走得比较坎坷的。这绝不是诅咒她。我深知她的性格与这普天之下大同小异天下乌鸦齐飞翔的工作是多么违和。

可不，认识十几年，工作四年，我听到她关于工作上的吐槽远远多于学校里的鸡毛蒜皮。她那唾沫星子绝对可以淹死一福田区的人。

听得多了，自然也能归类了，无非就是这几种：
（1）不就粗心做错了一个报表嘛，至于吗，让我熬了通宵重新做。
（2）我大好的人生为什么要用来加班？
（3）居然规定上班不许吃零食！还让不让活了？
（4）改改改，一个方案改十遍简直够了！

小曦同学的最后一次吐槽是关于她犀利的女上司的，在上司的压迫下，她活得很不好。

然后，她消失了一段时间，准确来说是安静了一段时间。而那段时间我回了趟老家待了数月，也和她联系得少了。

等我再来深圳的时候见到她，我不敢相信这是我认识了十多年的小曦。

干净利落的发型，得体的衣裙，恰到好处的坡跟，以及搭配得当的皮包。如果没看错，她还化了精致的淡妆，喷了所有精致女人该喷的香水。

我用力地晃了晃她，却把她逗乐了。

"你怎么啦！觉得我变了是吗？"

"告诉我你受什么刺激了孩子……"

"哈哈，是受刺激了，还受得不小，我升主管了亲爱的，走，请你喝咖啡去。"她挽着我，款款地走着。我抬头看了看万里晴空，那一刻真想一个霹雳打下来，让我万般秀逗的脑袋清醒。

那天我们聊了一下午，不同于往日的嬉笑怒骂，我们像阔别多年的老友，认真而绵长地回味当年的风起云扬。

原来小曦是深深受到了她那女上司的影响。这位女上司要求严苛，为人处世一丝不苟，在这样的人底下做事是一件冒险的事，或者说是一场对赌。

如果你恰好上进，充满斗志，那她绝对是你人生扁舟上的一叶帆，拽着你航行远方。而如果你懒散倦怠，随遇而安，那她可能是你的生死劫，躲不躲得过完全就看造化了。

小曦一开始是属于后者的。直到有一回，女上司带她去大客户方提案，彻底改变了她的人生轨迹。

按照女上司规定的时间，她九点钟准时赶到目的地，在大厦的一楼大厅里，女上司正坐在小圆桌旁等她。她以为要迟到，连忙跑了过去，却不料女上司告诉她，提案的时间是九点半。女上司打开笔记本电脑，问道：

"你眼睛多少度？"

"五……五百度……"

"给你十分钟，再把这个方案过一遍，然后花十分钟给我讲解，一会儿提案的时候不要戴眼镜。"

"什……什么……"

小曦告诉我，那十分钟，她用来看方案的十分钟，简直要了她大半生的光阴。换句话说，她前半辈子从来都没有这样做一件事情——把所有精力集中在十分钟里。虽然头一天已熟记于心，但要脱离眼镜那就等于脱稿演讲了，她不得不拼尽全力。

等到正式提案的时候，女上司并没有让她摘下眼镜，但她流利地演示着方案，来自脑海中的理解与应对，让客户非常满意。

在回公司的车上，女上司和小曦讲起了自己的故事。有一回她去提案的时候忘记戴眼镜，她度数并不高只有两百度，平时一般不戴眼镜，可是面对投影仪还是需要眼镜的，她以为放进了包里，到了会议室才发现忘拿了。还有十分钟就开始了，她擦掉不断下落的汗水，冷静下来，铺开本子，用笔在纸上画着方案的思路和逻辑，十分钟下来，像是重新修改了一遍方案。

那一次，效果远超之前所有的提案。从那以后，她提案再也没有戴过眼镜。

"其实，我们都习惯于依赖，而当你戒掉所有的依赖时，你也就无敌了。"

小曦看着妆容得体的女上司，重重地点了点头。从那以后，小曦积极地学习，努力地改掉所有的坏毛病，她同时学到的，还有对生活的态度和品位。

现如今，她已经可以从容应对大客户，独当一面。当然，她也因此成了一个有条不紊的人，不再懒散。告别糙得不行的过去，她迎来的是精致的生活。她非常庆幸自己能够遇见这样一位严于律己的好上司，在她的鞭策下变得尖锐起来。

这种尖锐并不是什么坏事，而是一种无敌和强大，更是一种优秀。

而这一切，无非就是摘掉眼镜而已，你以为还有什么。

其实，我们都习惯于依赖，
而当你戒掉所有的依赖时，你也就无敌了。

好姑娘，
你配得起千秋万代

文 | 海欧

她是一个好姑娘，心中有天地的好姑娘，配得起千秋万代，一统岁月的江湖。

我们公司有一个女孩子，刚来不久，圆脸，披肩长发，长得小巧甜美，但不是甜腻的那种，就是笑容甜甜的感觉。平时碰见了，会对你微微一笑。我见过很多同事间打招呼式的笑，但大多是皮笑肉不笑。她那种笑容，是从心底升起来的，让人看了很舒服，于是很喜欢和她"偶遇"。

我们是创意型的公司，公司群里相当活跃，聊啥的都有，大多以娱乐搞笑为主。我们是"伺候"甲方的，那帮小主脾性较不稳定，时不时赏赐个加班、重做什么的，大家还要大呼"谢小主恩典！"。

在这种环境下，人的压力其实是很大的。所以同事之间就非常友爱，甲方不疼自己疼，谁叫咱都是自己人。于是就形成了在群里互相打趣的聊天模式。

群里有一个讲话非常搞怪的妹纸，不是我们部门的，应该是新入职的那拨人中的一个，因为我之前没听过她的名字。这姑娘发的表情非常切合自己人互相打趣的聊天主题，损人也损得恰到好处，让人看了哈哈大笑，顿时有种快感。

这两个妹纸我都很喜欢，觉得公司就是需要这样的同事。

后来喝下午茶的时候我才知道这两人原来是同一个人。

公司休息区有个台球桌，算是全公司唯一的娱乐设施。公司在25楼，朝九晚六都被圈在办公室里做困兽。于是，休息的时候，打台球；累了，打台球；困了倦了，打台球；挨甲方叼了，打台球；想不出点子来了，打台球。

那张小小的台球桌承载了太多的梦想，导致我们每每路过休息区，都会对它情有独钟，深情地望一眼。

其实是想看看谁又没在电脑前跑去台球桌潇洒了，看到比较熟的同事在打，就会忍不住蹭过去打几杆子。

有一回中午，我路过那里，看到是那个惹人喜爱的妹纸和另一个女同事在打台球，不由自主蹭了过去。那女同事正在接电话，索性就把球杆给了我，于是乎，我这小菜鸟欢腾而上。

令我惊奇的是，那妹纸个头小小的，台球竟然打得很好，我这种几杆子都打不到球的人竟然第一次没有遭到鄙视和奉劝，以往我这种浑水摸鱼的人通常会被"行家"奉劝一句"乖，别闹了"，但她没有。她微笑着给我示范打球的姿势和方法，嗓音甜美，无比真诚，我把球打飞了她也是微笑着帮我捡回来，摆在台球桌上说：

"杆子离球近一点，这样会打得比较准一点。"

于是我愉快地打了人生最长一次时间的台球。

再后来，我听说这新人妹纸搞定了一个非常难搞的项目。那个项目的开发商在深圳是出了名地难缠，难缠到让人想诅咒他们难产了。诅咒归诅咒，人家的项目诞生速度以及销售量总是那么遥遥领先。于是这样的开发商注定是财大气粗脑满肠肥的，做他们的项目，姿态得放低，得哄得捧。可就算你低进尘埃也没用，他们照例想骂就骂，想返工就让返工，还时不时来个差评什么的，简直将甲方脾性的不稳定性发挥到极致。

项目经理搞不定了。总监也烦了。老总也想解约算了。这时候，那姑娘站出来了，大家抱着"反正已经这样了试试也无妨"的心态，就让她上了。

一个月后，我们惊奇而惊悚地收到了那难产（难缠）的开发商发过来的表扬邮件，赞扬我们的对接人做事有条不紊，勤勤恳恳，不卑不亢，最主要的是，态度非常好。

不可否认这姑娘能力不差，可这年头，能力好的人太多了，但态度就不一定了。我想她打动甲方的一个很大因素就是她的态度，做事的态度，以及做人的态度。

很快，她就升任见习项目经理了，但她依然是那副姿态，笑容可掬，不蔓不枝。

这是一个宠辱不惊的姑娘，她的性格，远不止"善解人意"这么简单。她身上没有都市人共有的浮躁气息，也没有小有得志后的傲气，我想未来还有更多的可能会发生在她身上，晋升、加薪、寻得良人……而这一切的发生都是必然的，因为，她是一个好姑娘，心中有天地的好姑娘，配得起千秋万代，一统岁月的江湖。

这是一座承载了太多年轻人的城市，人们有着这样那样的梦想。然而，梦想太大，现实显得有些遥远，于是很多人变得急功近利，焦虑狂躁，却忽视了细小甚微的事情。

奔跑的同时，对自己好一点，对身边的人好一点，让人在想起你的时候，嘴角会有微笑，该有多好。

我们都是小人物，在钢筋水泥下，背着小小的包，怀揣小小的梦想与心情。不一定要吹皱一池春水，且当微风清徐时，漾出一圈水花，在水花中翩翩起舞，不就很好吗？

35岁前实现不用上班的梦想，你想过吗？

文 | 台妹PKGIRL

> 水到渠成、缘至事圆才是最好的状态，而我唯一要做的就是时刻准备好。

我来自台湾的南部小城屏东，如今我在上海拥有两家稍有知名度的咖啡馆，每天睡到自然醒，不用上班就可以到处吃喝玩乐，三五不时还会有免费的旅行邀约。生活当中花时间最多的就是和朋友微信聊天，或是看电影和美剧。灵感或兴致来了就写篇文章，写的文章还能挣钱。我35岁了，像我这样的生活应该是很多人羡慕嫉妒恨的。但是35岁前实现不用上班的梦想，并不是唾手可得的。

从小，我就是一个想象力丰富的孩子，多亏了思想前卫开明的父母，我可以有恃无恐地"不务正业"。而真正使我受用一生的就是父亲对我严格的时间管理训练。

刚上小学一年级时，父亲在一张纸上画了很多小格子。一周七天，每天七点起床到晚上九点睡觉，每个小时一格，让我自己去填我要做的事情。如果一整周我都能按照规划做完每一件事情，周末他就会带我去吃冰淇淋。从那刻起，我的人生就致力于通过逻辑思考以及合理规划，将每件事情用最有效率且最全面完整的方式解决，这成了我能够同时处理很多事情的一大优势，习惯了高效多工的生活模式，加上各种兴趣才艺培养，我的成长岁月就更加地"不务正业"了。

积累了十二年的"不务正业"，到了大学时期，别人翘课在寝室里上网、聊天、看片子、玩游戏，我翘课去打工赚钱，因为从18岁上大学开始，家里除了学费之外，就几乎断了我所有的零用钱，人穷就会拼了命地想办法挣钱。于是过去十几年累积出来的各种才艺，全成了我赚钱的本领。为了给自己买摩托车，凭借着从小锻炼的写作技巧，加上初中看过的那堆浪漫爱情小说，我写了一篇十万字的长篇言情小说投稿到出版社，于是我人生中第一本独立撰稿的书出版了，得到了五万块台币稿费（相当于当时的一万五千人民币）；因为会演说和表演，加上大学时期身材还算不错，长相也还可以，我还去应征兼职模特，在各种展览中担任主持人，偶尔还客串拍拍杂志、广告或MV之类的，这活儿来钱快，美美地站一天说说话就能挣几千块台币；不止写作、当模特，为了有更稳定的收入，弹吉他、唱歌、跟小孩玩的技能都被我拿来赚钱，我在餐厅里当驻唱歌手，还找了份小学生陪读家教的工作，一周七天每天都排得满满的。

当然，这种打零工的生活是不可能成就什么大事业的。但正因为打零工，我迎来了人生的第一个转折点。那是一场全台湾巡回的电脑产品推广路演，和我一起搭档的主持人是一位资深的知名模特儿，曾在时装杂志上开过专栏，教读者如何假扮批发商到台湾的五分埔服装批发市场，用便宜的批发价买衣服，这样的资讯给了我灵感，我可以真的去批发服装来卖啊！

那是 1999 年，台湾还没有 yahoo 拍卖，大陆也还没有淘宝，大部分卖衣服的学生都是在商圈的马路边或是夜市摆摊，但我没那个胆量在路边兜售衣服还要躲警察。所以我想到把衣服拍下来，将照片传到我平常上传分享照片的免费网络相册里，然后通过 BBS 网站发帖销售。就这样，我用台币一万五千元作为本金，开始了我的服装网拍生涯，从网络相册和 BBS，一直卖到 Ebay、Yahoo 拍卖出现，后来还成立了自创服装品牌，全台湾所有主流媒体都争相报道过。后来，我还加入了 Yahoo 奇摩购物中心，并创立了流行时尚频道，还顺道培养了几位名模和明星。一个台南小姑娘"不务正业"的求学岁月，竟然累积成了一段台湾服装电商事业的传奇。

不过，人生总是没有永远的一帆风顺，尽管我为了服装电商事业，从食品营养系大三降级转学改念织品服装行销系，最后又在课业与事业的抉择上，决定休学，放弃完成大学学业，但是，年少得志的轻狂大意最终还是被时代转变的洪流打败，当台湾电商从蓝海变成红海，PKGIRL 的电商传奇终于落幕了。

我拿着高中文凭走进了求职市场。庆幸的是，有时名气和人脉还是挺管用的，凭着电商事业全盛时期累积出的人脉，我成了行销部的一名文案策划。

作为公司唯一的文案，我每天的工作就是要跟不同领域的专业人士打交道，为他们的课程、产品写出吸引人的介绍文字。除此之外，还要负责公司的刊物编辑，这让我快速地提升了知识与技能。到后来，我的工作内容不只是写作编辑，随着公司业务的拓展，有时还得身兼行销部活动策划人，没升职没加薪却干着三四个不同岗位的工作，现在想来，要不是求学时期各种不务正业参与社团活动的累积，当年我早就撑不下去辞职了。好在没辞职，好在撑了下去，短短一年半的时间，我获得了远远超过跳槽十家不同领域公司所能学到的经验，只是当时的我还不知道，这一切将在未来影响我人生的方向，那年，我29岁。

近九年的离家住校求学生活，造就了我独立的性格，所以当在大陆创业的电商前辈，以高于台湾两倍的工资邀请我到上海工作发展时，我几乎是毫不考虑地同意了。2010年年初，我拉着行李飞来了上海。那年的上海特别冷，但我不怕，我以为我是来上海淘金的，在台湾人开的电商公司里，做自营品牌总监，领着高额工资，奋斗三年，然后公司上市，我拿着创始团队的股权大赚一笔就可以衣锦还乡了，把一切都想得很美好。

理想是丰满的，现实是骨感的。工作方面，表面形势一片看好的电商公司，因运营不善而面临倒闭，每天都有各种上门讨债的厂商堵门、拉电闸，六个月领不到薪水的台干们纷纷辞职返台，前途惶惶的我站在人生的十字道路上，真的觉得就这么灰头土脸回台湾不甘心。于是，我选择了留在上海继续奋斗，离开了台资公司的保护伞，我去了移动互联网广告和快递业电商两家公司。

后来，我在一个被妖魔化的APP交友软件上，认识了我现在的先生。我们交往了一个月就决定闪婚了。也许这就是所谓的守得云开终见日，不但婚姻大事解决了，因缘际会，我们还一起在上海的市中心地段，盘下了一家老洋房咖啡馆，我以为这就已经成就了我不用天天上班的老板娘生活。

然而，闪婚有风险，领证需谨慎。我先生是个典型的文艺青年。开了咖啡馆之后，他就真的过上了甩手掌柜的日子，每天就是喝咖啡、下围棋、约朋友聊天。可是，在上海市中心，一家刚起步的小咖啡馆，能不赔本就敲锣打鼓了，我们没有存款又没有其他收入，如何撑得起一个小家庭的日常支出？于是，我决定出去上班，过上了白天上班，晚上和周末看店的超负荷生活。

但是就像是中了职场魔咒一般，我所在的房地产开发公司的业务不佳，团队面临集体撤换，被FIRE之前我就自己辞职了；上海电商分公司COO的位置我才刚坐一周，香港总公司爆发股东纠纷，这种状况下不辞职的是傻子；参与的服装品牌创业也是风雨不断，三个月不到就一拍两散了。至此，我也算是无语了，罢了，休息一段时间，没钱就没钱。

不再上班，家里经济状况越发困难，小夫妻的生活面临房租付不出、咖啡馆请不起人的窘境。果然人穷就会开窍，赋闲在家的大龄文艺男青年休息两年之后，终于决定重回职场，而我则成了拥有大把时间可以自由分配的人。

我把生活重心转到了咖啡馆的经营上。凭着大学三年的食品营养学功力，我把店里的餐饮改造得更有特色；电商创业时期锻炼出的摄影修图技能，也为我省了一大笔广告宣传费用；在台湾学的活动策划技能，让我轻松地策划了一系列的文创活动，将一家小小的咖啡馆经营成了拥有数百位会员的文创会所，定期举办各种文艺交流活动，培养出了一群来自各行各业却身怀绝学的跨界讲师。2015年，我又与朋友合伙，在上海田子坊开了第二家咖啡店。

除了经营文创咖啡馆之外，我也开始在网上写写自己和别人的故事，分享从台湾到上海吃喝玩乐的旅行经验，读者越来越多。后来，甚至有大品牌公关都来邀约采访和写稿。朋友建议我，干脆开一家网络营销公司，专门帮这些商家品牌做推广，以我的人脉跟能力肯定能做得风生水起，但是我拒绝了。

33岁以前，我和所有奋斗的年轻人一样，在创业和职场中，拼命地挤破头，每天睁开眼睛想的就是如何能够赚到更多的钱。我的人生是一张整整齐齐画好格子的计划表，何时何地该做什么都要记得清清楚楚。我所做的每一件事情，都必须是有用的，我超标超效地完成每一项人生任务，那又如何？成功人生的终极目标到底是什么？一山还有一山高，下一个转角也许又一无所有。

老子、庄子、《心经》都反复说"无用之道"。34岁之后，我终于懂得，人生就该有些不为何而为的无用，像阳光、空气或水，是必然存在的存在，是理所当然的当然，是没有规则的规则。

不带目的地写作分享，才能让读者真正看到作者的真心，进而引起共鸣；不为赚钱生存地采访撰文，才能有底气挑选真正好的商家推荐，进而累积靠谱的名声；只求传递理念地经营事业，才能创造真正有价值的产品，进而吸引同路人一起奋斗前行。这一切都是金钱永远换不来的可贵财富，从玩乐学习到奋斗打拼，成功过跌倒过挣扎过，最后，所有一切融合一体，无为而为，无用之用，一切皆无一切皆有。

  如今的我拥有更珍贵的无限可能。只要我想，随时可以启动各种不同的工作项目，因为我会；只要我开口，随时都有可以动用的资源，因为我靠谱；但我不再躁进，不再汲汲营求，我懂得了水到渠成、缘至事圆才是最好的状态，而我唯一要做的就是时刻准备好。

  人生是一辆没有轨道且永不回头的列车，讨论你先下还是我先下没有意义，思考终点站在哪里更是浪费时间，开动这辆列车需要什么技能就去学，想在这辆列车上做什么就立刻去做，想让这辆列车开往何方就自己握好方向盘，不想一人独行就谨慎挑选与你一同前行的伙伴。**更重要的是，无论这趟旅途中遭遇怎样的阻碍，或是丢失了伙伴都不要纠结懊恼，哪怕一时迷失方向，只要坚定不断地向前，生命总会走出那条最好的道路，哪怕你的人生梦想只是"不上班"。**

人生就该有些不为何而为的无用，像阳光、空气或水，是必然存在的存在，是理所当然的当然，是没有规则的规则。

你的盖世英雄，
永远在寝室楼下等你

文 | 洛城

你的盖世英雄，已经驾着五彩祥云，到你寝室楼下等你，丫头，我爱你，跟我走吧。

有的时候，我们一步一回头，不想往前走，时间裹挟着我们拼命远离，心爱的人站在那一年的原地，微笑着对我们挥手，我们大声呼喊着，我们拼命挣扎着。可她的身影渐渐模糊了，永远停留在了那个你爱谈天我爱笑的夏天。

1.

我的堂哥胡莱是个有些闷骚的人，从小玩游戏总是把我漂亮的头花藏起来。我找不到自己的头饰就跑去跟奶奶告状。奶奶拿着那一堆东西质问胡莱的时候，他总是憋得脸通红，半晌了才说："我留给我以后媳妇的。"

2005年他去江西上了民办的大学。大二寒假，年初一吃完饭后，胡莱拉我去逛街，我满大街地陪着他，终于挑到了一个满意的头饰——那是个精致而昂贵的水钻发卡，海豚形状。

一个发卡花掉胡莱几百大洋，他眼睛都不眨一下。

"生活费省下来的？"我问他。

"嗯。"

我很惊讶，胡莱从来不是个亏待自己的人，无论到哪儿，填饱肚子才是头等大事。

我可以想象到，为了这个卡子，胡莱挨了多少饿。

"你要给我找嫂子？"

胡莱手里握着卡子，脸憋得红红的，"没有，同学。"

这个同学叫小雪，是胡莱的初恋。

2.

2008年的冬天，胡莱大四。小雪周末在去做家教的公交上，弄丢了手机。

回来后用室友的电话告诉胡莱，她哭得很伤心。

电话那头的胡莱沉默了一会儿，而后说："稍晚一点我去找你。"

等胡莱再出现在小雪楼下的时候，他面带笑容，手里捧着一个新手机。

小雪开始的时候并不肯收，胡莱把手机塞给小雪："马上过年了，就当我送你的礼物吧，恋爱这几年也没给你买过像样的东西。"

那年寒假结束前，小雪提前几天出发来到我们这儿和胡莱一起返校，一个飘着雪花的晚上，我们三个一起去吃火锅。他们讲起来他们相识的故事。

3.

　　他对小雪一见钟情，小雪并不是个十分漂亮的姑娘，可总也觉得她身上有着柔光，如沐春风的感觉。

　　胡莱于是总找机会和小雪邂逅，经过长期的盯梢和总结，他发现每晚小雪下了晚自习以后，都会提着暖水瓶到水房打水。

　　于是胡莱那小子，爱上了打水事业。天天拎着四瓶水，在水房踩点，等着和小雪相遇。

　　寝室的同学总笑话胡莱太腼腆，连上去打个招呼都不会。

　　那天也下着大雪，小雪打完水，回身准备走的时候，看到另一个高高大大的男生准备插队，便随口说了一句"同学，不要插队。后面人都等着呢"。

　　那插队的男生面子上挂不住，于是伸手去推小雪，小雪没有站稳，整个人提着一壶热水摔翻在地，手和脚都被烫伤。所有人在原地都傻了眼。

　　只有胡莱立刻冲上前，背起来就往医务室跑。

　　把小雪安顿好后，胡莱发疯一样到处找那个男生，完全不在乎对方比自己高大强壮，上去就是拼了命的一顿胖揍。

　　那男生起初不示弱，后来看胡莱完全犯起了狠，逐渐就软了下来。最后那男生竟然被揍哭了："不就是让我去道歉吗，大哥你早说啊！我以为你想非礼我。"

　　胡莱带着那个男生出现在小雪面前的时候，俩人都是鼻青脸肿。那男生满脸泪光，道歉时候的感情很真诚。

后来他每天都会为小雪送水送饭到寝室楼下，定期背小雪到医务室上药。

久而久之，小雪成为了胡莱的女朋友。

4.

吃完饭后，胡莱和小雪一起散步送我回家，到院门口后和他们挥手分别。我没有立刻离去，而是停在原地看着他们离开的背影。

那一天的雪花安静地从天空中一片一片地飘落，路灯将地面的白雪染上了温暖的橘色。

小雪撒娇道："还记得咱俩第一次说话吗？我还要你背我。"于是她轻轻地跳上胡莱的背。

胡莱宽厚的后背承载着小小的小雪，小雪紧紧环绕着胡莱的肩膀，两条腿在空中荡来荡去。他们就那样越走越远，世界仿佛都停止了，只有那一对年轻的男女，回忆着相爱的过往，畅想着幸福的以后。

多年以后回想起那时的画面，我多么希望他们可以这样紧挨着彼此，在那个安静的雪夜，永远走下去。

5.

再见到胡莱的时候，已经是那年的六月底，他大学毕业了。听姗姗说他从学校回来后，已经在床上躺了一个月。

房间的光线昏暗，我进去叫他、推他，他抬起眼来看看我又将目光收回去，并不理我。

"哥。"

"我想她。"许久,胡莱吐出三个字,"今天是几号?"

"二十五号。"

胡莱忽地坐起身来,穿上衣服就往门外跑。

"去哪儿?"

"回江西。"

6.

其实小雪并不知道,胡莱给她买手机的钱,是从同学那里借来的。

胡莱学习不好,给人做家教就是误人子弟。

他想着赶在毕业前把钱还清,于是进了一批手机膜,靠课余时间到天桥上帮人贴膜或者周末发个传单来赚钱。

时间一晃就到了五月,那是个周末的下午,小雪要和同学到河边去玩,问胡莱去不去。胡莱因为还要去打工,于是嘱咐了小雪几句就走了。

他没有想到,那竟然是最后一面。

他们玩耍的河床并不平整,到处是深坑。小雪的同学不会游泳,在河里蹚水的时候一脚踩空落进水里,小雪脱掉鞋袜跳进去捞人,再也没有上来。

胡莱赶到的时候,小雪的同学痛哭着将她的东西还给胡莱,其中就有他送给她的手机。

7.

那手机如今安静地躺在胡莱的桌子上，粉色的壳子，我拿起来发现手机还有电，屏保是胡莱和小雪的合影。最后一个电话，是拨给胡莱的，在她的手机里，胡莱备注是"盖世英雄"。

那几天我住在他家安慰叔叔婶婶，他回江西后的第三天清晨，一串铃声传来。

我寻着声音摸到了胡莱的屋子里，那粉色的手机发出清脆的八音盒的生日快乐歌。

拿起手机，发现是一条今天的事项提醒。那是一段长长的文字：

"小雪，生日快乐，不知不觉我们在一起已经三年多了，我从来不知道原来和自己喜欢的人在一起，会如此幸福和满足。

"我喜欢看你微笑时候的样子，听到你电话里哭得那么伤心，我觉得自己的五脏六腑都绞在了一起。所以我发誓，以后我要努力一辈子，让你不再轻易掉眼泪。今天是你的生日，而我们也即将毕业。我很感谢命运将你带到我的身边，我不太会说话，我只想永远背着你，对你好。小雪，咱俩结婚吧。你的盖世英雄，已经驾着五彩祥云，到你寝室楼下等你，丫头，我爱你，跟我走吧。"

原本，在毕业的那天，有一场属于小雪的求婚。

原来，他在给她买手机的时候，就默默筹划了这份半年以后的惊喜。

那天，胡莱在小雪的楼下站了一整天，看着人来人往搬着行李告别校园的同学，等待着那个永远不可能再出现的身影。

8.

　　他一步一回头，不想往前走，时间裹挟着他拼命远离，小雪站在2009年的原地，手捧心爱的人送的手机，微笑着对他挥手，他大声呼喊着，泪水肆虐，他挣扎着想要回去，他恳求老天别带她走。

　　小雪微笑着微笑着就哭了，她对胡莱喊道："我愿意。"

　　可她的身影渐渐模糊了，永远停留在了那个你爱谈天我爱笑的夏天。

　　我们还有很多的梦没有做，还有很多的地方没有牵着手一起去，还有很多的嘴没有拌。在分别的时候，我们没能好好拥抱，却也来不及好好告别。

摆脱幼稚要趁早

文 | 正经婶儿

最可怕的事情就是把自己活成墓志铭,漫长而简短。

我上大学的时候,同寝室的女生在新东方做兼职。

最开始的时候,她一周只去两次,一个月挣八百块钱。

常常看见她背着很大的包出去,里面装着各种试卷纸、资料和电脑,然后又背着很大的包回到宿舍。我们有一次夜聊问到她,一下课就跑出去赚钱,一个月能赚多少?她说赚八百。我们宿舍的人都是城市小资产阶级后代,平时有父母供养着吃喝不愁,虽然嘴上没说什么,心里觉得——"切,这么点钱,这么拼干吗啊。"

——"父母花钱给你读书,是让你出去不务正业的吗?"

这是我们经过讨论后形成的逻辑,而且我们觉得自己很正确。

后来她的课越来越多,几乎变成每天都要上课。那时候我们基本上也没有什么课了,早上能起来就去上自习,起不来就叽里呱啦地聊天等食堂开饭。而她跟我们大不相同,每天满北京地跑着上课,校区似乎是公司指派的，有时候去安贞，有时候去望京，有时候去巴沟。经常是我们在宿舍睡大觉或者看一眼美剧扫一行四级英语的时候，她出去了，我们在嚼着冰棍儿唠着嗑，吃着火锅哼着歌的时候她又回来。她回来和别人回来都不同，其他人都是推开门的，只有她是用撞的，因为书包太重，而且坐公交车转地铁又走回寝室，是很辛苦的。

她从大二做到大四，课时费从几十块钱一小时涨到了五百块钱一个小时。

有一次她回来告诉我们说："哎呀，这个月扣税就扣了八千块。"

我心想："妈呀，扣税扣八千，那挣的岂不是更多？"

某一次我真的被她的拼命三娘精神打动，私下里问我的室友说："我们要不要也出去实习？"

"我哥说了，上学的时候就好好上学，工作的时候就好好工作，一心多用什么事情都干不好。"

我点点头，认为她哥很有见地。

回到宿舍后我们继续兴致勃勃看美剧，半死不活翻书本，到了快毕业的时候，最早找到方向的就是那个大学的时候就一直在实习的她。

后来我反省了一下，我之所以在很长一段时间都像只没头苍蝇一样，就是因为在一个该认清现实的时间段还在继续做梦。

其实我大二那一年曾经在报社实习过一个月，有一次我去动漫展采访，名叫猪乐桃的漫画家在签售，她坐在一张桌子后面，周围用铁栏杆围了一圈，粉丝和记者就以栏杆为界在那里推推搡搡，粉丝想近距离目睹偶像的真容，我们这些记者往前挤着想占据一个能拍到正脸的位置。

我无意挤得太靠前，因为带我来的老师已经在最佳位置"咔嚓咔嚓"了,所以我打算靠边站,随便照几张就得。结果我刚举起相机,就听见旁边有位妇女黑着脸指着我骂说:"你这些记者太缺德了,整天拿个相机拍拍拍……"

我低头看看自己,没有站错位置,再看看她,我俩之间保持着陌生人的安全距离。我反应过来之后凝结了一肚子委屈,表示天大地大尊严最大,发誓此生绝不涉足记者这一行。

后来我再长大几岁,发现这个世界上有人对你恶语相向再正常不过。象牙塔里的我们当时都活得太朦胧,玻璃心的根源就是对生活的真相了解不足。

天天在图书馆里看书让我们对这个世界某些方面的了解极其有限,要想真正地了解这个世界,还是要和这个世界实在接触。我建议上大学的同学在毕业之前一定要出去找一份工作实习一下,时间不要太短,至少不能短过一个月。这样不仅可以了解一些行业是怎么运作的,也可以把多数大学生很慢的生活节奏调整得合理一些,和正常社会生活节奏相匹配。

有一次,我和几位大学生讨论问题,题目大意就是说北京地铁很拥挤,应该怎么办?

有个学生掏出一个小本子,打开之后很认真地念给我听:"一般大家都是九点上班,北京地铁应该在七点到八点之间实行错峰收费,在这个时间段上班的票价低一点,鼓励他们早点上班。"

当时我就错愕了,她可能以为七八点赶地铁已经很早很早了,她显然没有在早高峰坐过地铁,显然不知道很多上班族通勤都是走对角线,显然不知道五六点就起来坐地铁的人太多了。

所以和社会脱节必然导致行为和思想幼稚,这样的人不会走得太远,就是上了路也跑不快。

人是不会嚼着薯片看美剧就成熟的。

除了了解真实的世界之外,只有和社会近距离地接触,才能够找到未来人生的方向。

现在问很多大学生以后想干什么工作,都是说要考公务员,要通过司法考试,学历高一点的就说要留校,要出国,要去研究所。这样的回答本身就是没有想象力的表现,但是这很大程度上也不能怪他们,因为很多人在大学期间都只是在书本和连续剧里来感知这个世界,他们对于这个世界丰富性的了解两页纸就写完了。

他们也许并不想要这样的生活,可是糟糕的是,他们也想不出要过什么样的生活。

于是大学生过得很麻木,不会悲伤,不会感动,书生气倒是有,但是不风发,不向上。

年轻的时候把日子稀里糊涂地过,真的挺可惜的。

马英九在台大读大二的时候就参加了保钓运动,从此放下了之前教书的想法,决定此生投身政治;迪奥大学读的是政治学院,他在小酒馆和画家、摄影师、作家等的交往中,发现服装才是自己真正热爱的。

而如果只是宅在那里,什么也发现不了。

所以我希望年轻的朋友从书斋中走出来,多出去走走看看,和不同的人聊天,多了解众生百态。去过了医院才知道健康的可贵,受过了打压才能知道这个世界公平和投机并存,领教过虚情假意才知道真心的宝贵。

台大教授傅佩荣曾给出过三个问题,把这三个问题回答了,人生便明朗了:

什么是值得我追求的？什么是值得我尊重的？什么是值得我珍惜的？

这三个问题我在上大学的时候就看到过，那时候我脑子里空空，完全答不上来。

现在我大概有自己的答案了。

如果你看到这三个问题，脑袋里空空如也，说没有什么是我值得追求的，没有什么是我值得尊重的，没有什么是我值得珍惜的，那有些遗憾。最可怕的事情就是把自己活成墓志铭，漫长而简短。

不过还不晚，只要抓紧去寻找方向，充实生命，就好了。

我相信任何时候的努力都不算晚。

而且凡是奋斗过的，必然留下痕迹。

象牙塔里的我们当时都活得太朦胧，
玻璃心的根源就是对生活的真相了解不足。

图书在版编目（CIP）数据

你一定要努力，但千万别着急 / 简书主编．
－－北京：北京联合出版公司，2016.4
ISBN 978-7-5502-7436-5

Ⅰ．①你… Ⅱ．①简… Ⅲ．①心理学—通俗读物
Ⅳ．① B84-49

中国版本图书馆 CIP 数据核字 (2016) 第 067399 号

你一定要努力，但千万别着急

项目策划　紫图图书 ZITO®
监　　制　黄利　万夏
丛书主编　郎世溟

主　　编　简　书
责任编辑　张　萌
特约编辑　宣佳丽　路思维　张　秀
图片提供　小醒 ISO 等
装帧设计　紫图图书 ZITO®

北京联合出版公司出版
（北京市西城区德外大街 83 号楼 9 层　100088）
小森印刷（北京）有限公司印刷　新华书店经销
100 千字　880 毫米 ×1280 毫米　1/32　7 印张
2016 年 4 月第 1 版　2016 年 4 月第 1 次印刷
ISBN 978-7-5502-7436-5
定价：42.00 元

未经许可，不得以任何方式复制或抄袭本书部分或全部内容
版权所有，侵权必究
本书若有质量问题，请与本公司图书销售中心联系调换
纠错热线：010-64360026-103